book2
English – Danish
for beginners

A book in 2 languages

www.book2.de

GOETHE VERLAG

IMPRESSUM

Johannes Schumann:
book2 English - Danish
EAN-13 (ISBN-13): 9781440435751

© Copyright 2009 by Goethe-Verlag Munich and licensors. All rights reserved. No part of this work may be reproduced or transmitted in any form or by any means, electronic or mechanical, including photocopying and recording, or by any information storage or retrieval system without the prior written permission of Goethe-Verlag GmbH unless such copying ko expressly permitted by federal copyright law. Address inquiries to:

© Copyright 2009 Goethe-Verlag München und Lizenzgeber. Alle Rechte vorbehalten, auch die der fotomechanischen Wiedergabe und der Speicherung in elektronischen Medien. Jede Verwendung in anderen als den gesetzlich zugelassenen Fällen bedarf der schriftlichen Einwilligung des Goethe-Verlags:

Goethe-Verlag GmbH
Postfach 152008
80051 München
Germany

Fax +49-89-74790012
www.book2.de
www.goethe-verlag.com

Table of contents

People	4	At the airport	38	to need – to want to	72
Family Members	5	Public transportation	39	to like something	73
Getting to know others	6	En route	40	to want something	74
At school	7	In the taxi	41	to have to do something / must	75
Countries and Languages	8	Car breakdown	42	to be allowed to	76
Reading and writing	9	Asking for directions	43	Asking for something	77
Numbers	10	Where is … ?	44	Giving reasons 1	78
The time	11	City tour	45	Giving reasons 2	79
Days of the week	12	At the zoo	46	Giving reasons 3	80
Yesterday – today – tomorrow	13	Going out in the evening	47	Adjectives 1	81
Months	14	At the cinema	48	Adjectives 2	82
Beverages	15	In the discotheque	49	Adjectives 3	83
Activities	16	Preparing a trip	50	Past tense 1	84
Colors	17	Vacation activities	51	Past tense 2	85
Fruits and food	18	Sports	52	Past tense 3	86
Seasons and Weather	19	In the swimming pool	53	Past tense 4	87
Around the house	20	Running errands	54	Questions – Past tense 1	88
House cleaning	21	In the department store	55	Questions – Past tense 2	89
In the kitchen	22	Shops	56	Past tense of modal verbs 1	90
Small Talk 1	23	Shopping	57	Past tense of modal verbs 2	91
Small Talk 2	24	Working	58	Imperative 1	92
Small Talk 3	25	Feelings	59	Imperative 2	93
Learning foreign languages	26	At the doctor	60	Subordinate clauses: *that* 1	94
Appointment	27	Parts of the body	61	Subordinate clauses: *that* 2	95
In the city	28	At the post office	62	Subordinate clauses: *if*	96
In nature	29	At the bank	63	Conjunctions 1	97
In the hotel – Arrival	30	Ordinal numbers	64	Conjunctions 2	98
In the hotel – Complaints	31	Asking questions 1	65	Conjunctions 3	99
At the restaurant 1	32	Asking questions 2	66	Conjunctions 4	100
At the restaurant 2	33	Negation 1	67	Double connectors	101
At the restaurant 3	34	Negation 2	68	Genitive	102
At the restaurant 4	35	Possessive pronouns 1	69	Adverbs	103
At the train station	36	Possessive pronouns 2	70		
On the train	37	*big – small*	71		

1 [one]

People

1 [et]

Personer

I	jeg
I and you	jeg og du
both of us	vi to
he	han
he and she	han og hun
they both	de to
the man	manden
the woman	kvinden
the child	barnet
a family	en familie
my family	min familie
My family is here.	Min familie er her.
I am here.	Jeg er her.
You are here.	Du er her.
He is here and she is here.	Han er her og hun er her.
We are here.	Vi er her.
You are here.	I er her.
They are all here.	De er her allesammen.

2 [two]

Family Members

2 [to]

Familie

the grandfather	bedstefaren
the grandmother	bedstemoren
he and she	han og hun
the father	faren
the mother	moren
he and she	han og hun
the son	sønnen
the daughter	datteren
he and she	han og hun
the brother	broren
the sister	søsteren
he and she	han og hun
the uncle	onklen
the aunt	tanten
he and she	han og hun

We are a family.
The family is not small.
The family is big.
The family is average size

Vi er en familie
Familien er ikke lille
Familien er stor
Familien er af gennemsnitlig størrelse

3 [three]

Getting to know others

3 [tre]

Lære at kende

Hi!	Hej!
Hello!	Goddag!
How are you?	Hvordan går det?
Do you come from Europe?	Kommer du fra Europa?
Do you come from America?	Kommer du fra Amerika?
Do you come from Asia?	Kommer du fra Asien?
In which hotel are you staying?	Hvilket hotel bor du på?
How long have you been here for?	Hvor længe har du været her?
How long will you be staying?	Hvor længe bliver du?
Do you like it here?	Synes du godt om stedet?
Are you here on vacation?	Er du her på ferie?
Please do visit me sometime!	Du er velkommen til at besøge mig
Here is my address.	Her er min adresse.
Shall we see each other tomorrow?	Ses vi i morgen?
I am sorry, but I already have plans.	Jeg har desværre allerede en aftale.
Bye!	Farvel!
Good bye!	På gensyn.
See you soon!	Vi ses!

4 [four]

At school

4 [fire]

I skolen

Where are we?	Hvor er vi?
We are at school.	Vi er i skolen.
We are having class / a lesson.	Vi har undervisning.
Those are the school children.	Det er eleverne.
That is the teacher.	Det er læreren.
That is the class.	Det er klassen.
What are we doing?	Hvad laver vi?
We are learning.	Vi lærer.
We are learning a language.	Vi lærer et sprog.
I learn English.	Jeg lærer engelsk.
You learn Spanish.	Du lærer spansk.
He learns German.	Han lærer tysk.
We learn French.	Vi lærer fransk.
You all learn Italian.	I lærer italiensk.
They learn Russian.	de lærer russisk.
Learning languages is interesting.	Det er interessant at lære sprog.
We want to understand people.	Vi vil forstå mennesker.
We want to speak with people.	Vi vil tale med mennesker.

5 [five]

Countries and Languages

5 [fem]

Lande og sprog

John is from London. London is in Great Britain. He speaks English.	John er fra London. London ligger i Storbritannien. Han taler engelsk.
Maria is from Madrid. Madrid is in Spain. She speaks Spanish.	Maria er fra Madrid. Madrid ligger i Spanien. Hun taler spansk.
Peter and Martha are from Berlin. Berlin is in Germany. Do both of you speak German?	Peter og Martha er fra Berlin. Berlin ligger i Tyskland. Taler I begge to tysk?
London is a capital city. Madrid and Berlin are also capital cities. Capital cities are big and noisy.	London er en hovedstad. Madrid og Berlin er også hovedstæder. Hovedstæderne er store og støjende.
France is in Europe. Egypt is in Africa. Japan is in Asia.	Frankrig ligger i Europa. Ægypten ligger i Afrika. Japan ligger i Asien.
Canada is in North America. Panama is in Central America. Brazil is in South America.	Canada ligger i Nordamerika. Panama ligger i Mellemamerika. Brasilien ligger i Sydamerika.

6 [six]

Reading and writing

6 [seks]

Læse og skrive

I read.	Jeg læser.
I read a letter.	Jeg læser et bogstav.
I read a word.	Jeg læser et ord.
I read a sentence.	Jeg læser en sætning.
I read a letter.	Jeg læser et brev.
I read a book.	Jeg læser en bog.
I read.	Jeg læser.
You read.	Du læser.
He reads.	Han læser.
I write.	Jeg skriver.
I write a letter.	Jeg skriver et bogstav.
I write a word.	Jeg skriver et ord.
I write a sentence.	Jeg skriver en sætning.
I write a letter.	Jeg skriver et brev.
I write a book.	Jeg skriver en bog.
I write.	Jeg skriver.
You write.	Du skriver.
He writes.	Han skriver.

7 [seven]

Numbers

7 [syv]

Tal

I count:	Jeg tæller:
one, two, three	en, to, tre
I count to three.	Jeg tæller til tre.
I count further:	Jeg tæller videre:
four, five, six,	fire, fem, seks,
seven, eight, nine	syv, otte, ni
I count.	Jeg tæller.
You count.	Du tæller.
He counts.	Han tæller.
One. The first.	En. Den første.
Two. The second.	To. Den anden.
Three. The third.	Tre. Den tredje.
Four. The fourth.	Fire. Den fjerde.
Five. The fifth.	Fem. Den femte.
Six. The sixth.	Seks. Den sjette.
Seven. The seventh.	Syv. Den syvende.
Eight. The eighth.	Otte. Den ottende.
Nine. The ninth.	Ni. Den niende.

8 [eight]

The time

8 [otte]

Klokkeslæt

Excuse me!
What time is it, please?
Thank you very much.

Undskyld!
Hvad er klokken?
Mange tak.

It is one o'clock.
It is two o'clock.
It is three o'clock.

Klokken er et.
Klokken er to.
Klokken er tre.

It is four o'clock.
It is five o'clock.
It is six o'clock.

Klokken er fire.
Klokken er fem.
Klokken er seks.

It is seven o'clock.
It is eight o'clock.
It is nine o'clock.

Klokken er syv.
Klokken er otte.
Klokken er ni.

It is ten o'clock.
It is eleven o'clock.
It is twelve o'clock.

Klokken er ti.
Klokken er elleve.
Klokken er tolv.

A minute has sixty seconds.
An hour has sixty minutes.
A day has twenty-four hours.

Et minut har tres sekunder.
En time har tres minutter.
Et døgn har fireogtyve timer

9 [nine]

Days of the week

9 [ni]

Ugedage

Monday	mandag
Tuesday	tirsdag
Wednesday	onsdag
Thursday	torsdag
Friday	fredag
Saturday	lørdag
Sunday	søndag
the week	Ugen
from Monday to Sunday	fra mandag til fredag

The first day is Monday. — Den første dag er mandag.
The second day is Tuesday. — Den anden dag er tirsdag.
The third day is Wednesday. — Den tredje dag er onsdag.

The fourth day is Thursday. — Den fjerde dag er torsdag.
The fifth day is Friday. — Den femte dag er fredag.
The sixth day is Saturday. — Den sjette dag er lørdag.

The seventh day is Sunday. — Den syvende dag er søndag.
The week has seven days. — Ugen har syv dage.
We only work for five days. — Vi arbejder kun fem dage.

10 [ten]

Yesterday – today – tomorrow

10 [ti]

I går – i dag – i morgen

Yesterday was Saturday. I was at the cinema yesterday. The film was interesting.	I går var det lørdag. I går var jeg i biografen. Filmen var interessant.
Today is Sunday. I'm not working today. I'm staying at home.	I dag er søndag. I dag arbejder vi ikke. Jeg bliver hjemme.
Tomorrow is Monday. Tomorrow I will work again. I work at an office.	I morgen er det mandag. I morgen skal jeg på arbejde igen. Jeg arbejder på kontor.
Who is that? That is Peter. Peter is a student.	Hvem er det? Det er Peter. Peter er studerende.
Who is that? That is Martha. Martha is a secretary.	Hvem er det? Det er Martha. Martha er sekretær.
Peter and Martha are friends. Peter is Martha's friend. Martha is Peter's friend.	Peter og Martha er venner. Peter er Marthas ven. Martha er Peters veninde.

11 [eleven] — 11 [elleve]

Months — Måneder

January	januar
February	februar
March	marts
April	april
May	maj
June	juni

These are six months.
January, February, March,
April, May and June.

Det er seks måneder.
Januar, februar, marts,
april, maj, juni.

July	juli
August	august
September	september
October	oktober
November	november
December	december

These are also six months.
July, August, September,
October, November and December.

Det er også seks måneder.
Juli, august, september,
oktober, november, december.

12 [twelve]

Beverages

12 [tolv]

Drikkevarer

I drink tea.
I drink coffee.
I drink mineral water.

Jeg drikker te.
Jeg drikker kaffe.
Jeg drikker danskvand.

Do you drink tea with lemon?
Do you drink coffee with sugar?
Do you drink water with ice?

Drikker du te med citron?
Drikker du kaffe med sukker?
Drikker du vand med is?

There is a party here.
People are drinking champagne.
People are drinking wine and beer.

Her er der fest.
Folk drikker champagne.
Folk drikker vin og øl.

Do you drink alcohol?
Do you drink whisky / whiskey *(am.)*?
Do you drink Coke with rum?

Drikker du alkohol?
Drikker du whisky?
Drikker du rom og cola?

I do not like champagne.
I do not like wine.
I do not like beer.

Jeg kan ikke lide champagne.
Jeg kan ikke lide vin.
Jeg kan ikke lide øl.

The baby likes milk.
The child likes cocoa and apple juice.
The woman likes orange and grapefruit juice.

Babyen kan lide mælk.
Barnet kan lide kakao og æblemost.
Kvinden kan lide appelsinjuice og grapejuice.

13 [thirteen]

Activities

13 [tretten]

Aktiviteter

What does Martha do?	Hvad laver Martha?
She works at an office.	Hun arbejder på kontor.
She works on the computer.	Hun arbejder ved computeren.
Where is Martha?	Hvor er Martha?
At the cinema.	I biografen.
She is watching a film.	Hun ser en film.
What does Peter do?	Hvad laver Peter?
He studies at the university.	Han læser på universitetet.
He studies languages.	Han læser sprog.
Where is Peter?	Hvor er Peter?
At the café.	På café.
He is drinking coffee.	Han drikker kaffe.
Where do they like to go?	Hvor kan de lide at gå hen?
To a concert.	Til koncert.
They like to listen to music.	De kan godt lide at høre musik.
Where do they not like to go?	Hvor kan de ikke lide at gå hen?
To the disco.	På diskotek.
They do not like to dance.	De kan ikke lide at danse.

14 [fourteen]

Colors

14 [fjorten]

Farver

Snow is white.
The sun is yellow.
The orange is orange.

Sneen er hvid.
Solen er gul.
Appelsinen er orange.

The cherry is red.
The sky is blue.
The grass is green.

Kirsebærret er rødt.
Himlen er blå.
Græsset er grønt.

The earth is brown.
The cloud is grey / gray *(am.)*.
The tyres / tires *(am.)* are black.

Jorden er brun.
Skyen er grå.
Dækkene er sorte.

What colour / color *(am.)* is the snow? White.
What colour / color *(am.)* is the sun? Yellow.
What colour / color *(am.)* is the orange? Orange.

Hvilken farve har sneen? Hvid.
Hvilken farve har solen? Gul.
Hvilken farve har appelsinen? Orange.

What colour / color *(am.)* is the cherry? Red.
What colour / color *(am.)* is the sky? Blue.
What colour / color *(am.)* is the grass? Green.

Hvilken farve har kirsebærret? Rød.
Hvilken farve har himlen? Blå.
Hvilken farve har græsset? Grøn.

What colour / color *(am.)* is the earth? Brown.
What colour / color *(am.)* is the cloud? Grey / Gray *(am.)*.
What colour / color *(am.)* are the tyres / tires *(am.)*? Black.

Hvilken farve har jorden? Brun.
Hvilken farve har skyen? Grå.
Hvilken farve har dækkene? Sort.

15 [fifteen]

Fruits and food

15 [femten]

Frugt og fødevarer

I have a strawberry.	Jeg har et jordbær.
I have a kiwi and a melon.	Jeg har en kiwi og en melon.
I have an orange and a grapefruit.	Jeg har en appelsin og en grapefrugt.
I have an apple and a mango.	Jeg har et æble og en mango.
I have a banana and a pineapple.	Jeg har en banan og en ananas.
I am making a fruit salad.	Jeg laver frugtsalat.
I am eating toast.	Jeg spiser en skive ristet brød.
I am eating toast with butter.	Jeg spiser en skive ristet brød med smør.
I am eating toast with butter and jam.	Jeg spiser en skive ristet brød med smør og marmelade.
I am eating a sandwich.	Jeg spiser en sandwich.
I am eating a sandwich with margarine.	Jeg spiser en sandwich med margarine.
I am eating a sandwich with margarine and tomatoes.	Jeg spiser en sandwich med margarine og tomat.
We need bread and rice.	Vi har brug for brød og ris.
We need fish and steaks.	Vi har brug for fisk og bøffer.
We need pizza and spaghetti.	Vi har brug for pizza og spaghetti.
What else do we need?	Hvad har vi ellers brug for?
We need carrots and tomatoes for the soup.	Vi har brug for gulerødder og tomater til suppen.
Where is the supermarket?	Hvor er der et supermarked?

16 [sixteen]

Seasons and Weather

16 [seksten]

Årstider og vejr

These are the seasons:
Spring, summer,
autumn / fall *(am.)* and winter.

Dette er årstiderne:
forår, sommer,
efterår og vinter.

The summer is warm.
The sun shines in summer.
We like to go for a walk in summer.

Sommeren er varm.
Om Sommeren skinner solen.
Om sommeren går vi gerne ture.

The winter is cold.
It snows or rains in winter.
We like to stay home in winter.

Om vinteren er det koldt.
Om vinteren sner eller regner det.
Om vinteren bliver vi gerne hjemme.

It is cold.
It is raining.
It is windy.

Det er koldt.
Det regner.
Det blæser.

It is warm.
It is sunny.
It is pleasant.

Det er varmt.
Det er solrigt.
Det er klart vejr.

What is the weather like today?
It is cold today.
It is warm today.

Hvordan er vejret i dag?
Det er koldt i dag.
Det er varmt i dag.

17 [seventeen]

Around the house

17 [sytten]

I huset

Our house is here.	Det er vores hus.
The roof is on top.	Ovenpå er taget.
The basement is below.	Nederst er kælderen.
There is a garden behind the house.	Bag huset er der en have.
There is no street in front of the house.	Foran huset er der ikke nogen gade.
There are trees next to the house.	Ved siden af huset er der træer.
My apartment is here.	Her er min lejlighed.
The kitchen and bathroom are here.	Her er køkkenet og badeværelset.
The living room and bedroom are there.	Der er stuen og soveværelset.
The front door is closed.	Døren er lukket.
But the windows are open.	Men vinduerne er åbne.
It is hot today.	Det er varmt i dag.
We are going to the living room.	Vi går ind i stuen.
There is a sofa and an armchair there.	Der er en sofa og en lænestol.
Please, sit down!	Sid ned!
My computer is there.	Der står en computer.
My stereo is there.	Der står et stereoanlæg.
The TV set is brand new.	Fjernsynet er helt nyt.

18 [eighteen]

House cleaning

18 [atten]

Rengøring

Today is Saturday. We have time today. We are cleaning the apartment today.	I dag er det lørdag. I dag har vi tid. I dag gør vi rent i lejligheden.
I am cleaning the bathroom. My husband is washing the car. The children are cleaning the bicycles.	Jeg gør rent i badeværelset. Min mand vasker bilen. Børnene pudser cyklerne.
Grandma is watering the flowers. The children are cleaning up the children's room. My husband is tidying up his desk.	Bedstemor vander blomsterne. Børnene rydder op i børneværelset. Min mand rydder op på sit skrivebord.
I am putting the laundry in the washing machine. I am hanging up the laundry. I am ironing the clothes.	Jeg putter vasketøjet i vaskemaskinen. Jeg hænger vasketøjet op. Jeg stryger vasketøjet.
The windows are dirty. The floor is dirty. The dishes are dirty.	Vinduerne er snavsede. Gulvet er snavset. Servicet er beskidt.
Who washes the windows? Who does the vacuuming? Who does the dishes?	Hvem pudser vinduerne? Hvem støvsuger? Hvem vasker op?

19 [nineteen]

In the kitchen

19 [nitten]

I køkkenet

Do you have a new kitchen?	Har du et nyt køkken?
What do you want to cook today?	Hvad for noget mad vil du lave i dag?
Do you cook on an electric or a gas stove?	Har du et el- eller et gaskomfur?
Shall I cut the onions?	Skal jeg skære løgene?
Shall I peel the potatoes?	Skal jeg skrælle kartoflerne?
Shall I rinse the lettuce?	Skal jeg vaske salaten?
Where are the glasses?	Hvor er glassene?
Where are the dishes?	Hvor er servicet?
Where is the cutlery / silverware *(am.)*?	Hvor er bestikket?
Do you have a can opener?	Har du en dåseåbner?
Do you have a bottle opener?	Har du en oplukker?
Do you have a corkscrew?	Har du en proptrækker?
Are you cooking the soup in this pot?	Laver du suppen i den her gryde?
Are you frying the fish in this pan?	Steger du fisken i den her pande?
Are you grilling the vegetables on this grill?	Griller du grøntsagerne på den her grill?
I am setting the table.	Jeg dækker bordet.
Here are the knives, the forks and the spoons.	Her er knivene, gaflerne og skeerne.
Here are the glasses, the plates and the napkins.	Her er glassene, tallerknerne og servietterne.

20 [twenty]

Small Talk 1

Make yourself comfortable!
Please, feel right at home!
What would you like to drink?

Do you like music?
I like classical music.
These are my CD's.

Do you play a musical instrument?
This is my guitar.
Do you like to sing?

Do you have children?
Do you have a dog?
Do you have a cat?

These are my books.
I am currently reading this book.
What do you like to read?

Do you like to go to concerts?
Do you like to go to the theatre / theater *(am.)*?
Do you like to go to the opera?

20 [tyve]

Small Talk 1

Slå dig ned!
Lad som om du er hjemme!
Hvad vil du have at drikke?

Kan du lide musik?
Jeg kan godt lide klassisk musik.
Her er mine cd'er.

Spiller du et instrument?
Her er min guitar.
Kan du lide at synge?

Har du børn?
Har du en hund?
Har du en kat?

Her er mine bøger.
Jeg er ved at læse den her bog.
Hvad kan du lide at læse?

Kan du lide at gå til koncert?
Kan du lide at gå i teatret?
Kan du lide at gå i operaen?

21 [twenty-one]

Small Talk 2

21 [enogtyve]

Small Talk 2

Where do you come from?	Hvor kommer du fra?
From Basel.	Fra Basel.
Basel is in Switzerland.	Basel ligger i Schweiz.

May I introduce Mr. Miller?
He is a foreigner.
He speaks several languages.

Må jeg præsentere dig for hr. Müller?
Han er udlænding.
Han taler flere sprog.

Are you here for the first time?
No, I was here once last year.
Only for a week, though.

Er du her for første gang?
Nej, jeg var her også sidste år.
Men kun i en uge.

How do you like it here?
A lot. The people are nice.
And I like the scenery, too.

Hvad synes du om stedet?
Godt. Folk er rare.
Og landskabet synes jeg også godt om.

What is your profession?
I am a translator.
I translate books.

Hvad arbejder du som?
Jeg er oversætter.
Jeg oversætter bøger.

Are you alone here?
No, my wife / my husband is also here.
And those are my two children.

Er du her alene?
Nej, min kone / min mand er her også.
Og der er mine to børn.

22 [twenty-two]

Small Talk 3

22 [toogtyve]

Small Talk 3

Do you smoke?
I used to.
But I don't smoke anymore.

Ryger du?
Jeg har gjort det.
Men nu ryger jeg ikke mere.

Does it disturb you if I smoke?
No, absolutely not.
It doesn't disturb me.

Generer det dig, hvis jeg ryger?
Nej, absolut ikke.
Det generer mig ikke.

Will you drink something?
A brandy?
No, preferably a beer.

Tag noget at drikke.
En cognac?
Nej, hellere en øl.

Do you travel a lot?
Yes, mostly on business trips.
But now we're on holiday.

Rejser du meget?
Ja, for det meste på forretningsrejse.
Men nu er vi på ferie.

It's so hot!
Yes, today it's really hot.
Let's go to the balcony.

Hvor er her varmt!
Ja, i dag er det virkelig varmt.
Lad os gå ud på altanen.

There's a party here tomorrow.
Are you also coming?
Yes, we've also been invited.

I morgen er her fest.
Kommer du også?
Ja, vi er også inviteret.

23 [twenty-three]

Learning foreign languages

23 [treogtyve]

At lære fremmedsprog

Where did you learn Spanish?	Hvor har du lært spansk?
Can you also speak Portuguese?	Kan du også portugisisk?
Yes, and I also speak some Italian.	Ja, og jeg kan også lidt italiensk.
I think you speak very well.	Jeg synes, du taler rigtig godt.
The languages are quite similar.	Sprogene ligner hinanden ret meget.
I can understand them well.	Jeg kan sagtens forstå dem.
But speaking and writing is difficult.	Men at tale og skrive er svært.
I still make many mistakes.	Jeg laver stadigvæk mange fejl.
Please correct me each time.	Vær sød altid at rette mig.
Your pronunciation is very good.	Din udtale er ret god.
You only have a slight accent.	Du har lidt accent.
One can tell where you come from.	Man kan høre, hvor du kommer fra.
What is your mother tongue / native language *(am.)*?	Hvad er dit modersmål?
Are you taking a language course?	Går du på et sprogkursus?
Which textbook are you using?	Hvilket lærebogssystem bruger du?
I don't remember the name right now.	Jeg ved i ikke lige, hvad det hedder.
The title is not coming to me.	Jeg kan ikke huske titlen.
I've forgotten it.	Det har jeg glemt.

24 [twenty-four]

Appointment

24 [fireogtyve]

Aftale

Did you miss the bus?	Kom du for sent til bussen?
I waited for you for half an hour.	Jeg har ventet på dig i en halv time.
Don't you have a mobile / cell phone *(am.)* with you?	Har du ikke mobiltelefon med?
Be punctual next time!	Næste gang skal du komme til tiden!
Take a taxi next time!	Næste gang skal du tage en taxa!
Take an umbrella with you next time!	Næste gang skal du tage en paraply med!
I have the day off tomorrow.	I morgen har jeg fri.
Shall we meet tomorrow?	Skal vi mødes i morgen?
I'm sorry, I can't make it tomorrow.	Jeg kan desværre ikke i morgen.
Do you already have plans for this weekend?	Skal du lave noget i den her weekend?
Or do you already have an appointment?	Eller har du allerede en aftale?
I suggest that we meet on the weekend.	Jeg foreslår, at vi mødes i weekenden.
Shall we have a picnic?	Skal vi tage på skovtur?
Shall we go to the beach?	Skal vi tage til stranden?
Shall we go to the mountains?	Skal vi tage op i bjergene?
I will pick you up at the office.	Jeg henter dig på kontoret.
I will pick you up at home.	Jeg henter dig derhjemme.
I will pick you up at the bus stop.	Jeg henter dig ved busstoppestedet.

25 [twenty-five]

In the city

25 [femogtyve]

I byen

I would like to go to the station.	Jeg skal til stationen.
I would like to go to the airport.	Jeg skal til lufthavnen.
I would like to go to the city centre / center *(am.)*.	Jeg skal til centrum.

How do I get to the station?	Hvordan kommer jeg til stationen?
How do I get to the airport?	Hvordan kommer jeg til lufthavnen?
How do I get to the city centre / center *(am.)*?	Hvordan kommer jeg til centrum?

I need a taxi.	Jeg har brug for en taxa.
I need a city map.	Jeg har brug for et kort over byen.
I need a hotel.	Jeg har brug for et hotel.

I would like to rent a car.	Jeg vil gerne leje en bil.
Here is my credit card.	Her er mit kreditkort.
Here is my licence / license *(am.)*.	Her er mit kørekort.

What is there to see in the city?	Hvad skal man se i byen?
Go to the old city.	Gå hen til den gamle bydel.
Go on a city tour.	Tag på rundtur i byen.

Go to the harbour / harbor *(am.)*.	Gå ned til havnen.
Go on a harbour / harbor *(am.)* tour.	Tag på havnerundfart.
Are there any other places of interest?	Hvilke seværdigheder er der ellers?

26 [twenty-six]

In nature

26 [seksogtyve]

I naturen

Do you see the tower there?	Kan du se tårnet der?
Do you see the mountain there?	Kan du se bjerget der?
Do you see the village there?	Kan du se landsbyen der?
Do you see the river there?	Kan du se floden der?
Do you see the bridge there?	Kan du se broen der?
Do you see the lake there?	Kan du se søen der?
I like that bird.	Den der fugl kan jeg godt lide.
I like that tree.	Det der træ kan jeg godt lide.
I like this stone.	Den her sten kan jeg godt lide.
I like that park.	Den park der kan jeg godt lide.
I like that garden.	Den have der kan jeg godt lide.
I like this flower.	Den her blomst kan jeg godt lide.
I find that pretty.	Jeg synes, det er smukt.
I find that interesting.	Jeg synes, det er interessant.
I find that gorgeous.	Jeg synes, det er vidunderlig.
I find that ugly.	Jeg synes, det er grimt.
I find that boring.	Jeg synes, det er kedeligt.
I find that terrible.	Jeg synes, det er forfærdeligt.

27 [twenty-seven]

In the hotel – Arrival

27 [syvogtyve]

På hotellet – ankomst

Do you have a vacant room?	Har I et ledigt værelse?
I have booked a room.	Jeg har bestilt et værelse.
My name is Miller.	Mit navn er Müller.
I need a single room.	Jeg har brug for et enkeltværelse.
I need a double room.	Jeg har brug for et dobbeltværelse.
What does the room cost per night?	Hvad koster værelset per nat?
I would like a room with a bathroom.	Jeg vil gerne have et værelse med bad.
I would like a room with a shower.	Jeg vil gerne have et værelse med brusebad.
Can I see the room?	Må jeg se værelset?
Is there a garage here?	Er der en garage?
Is there a safe here?	Er der et pengeskab?
Is there a fax machine here?	Er der en fax?
Fine, I'll take the room.	Godt, jeg tager værelset.
Here are the keys.	Her er nøglerne.
Here is my luggage.	Her er min bagage.
What time do you serve breakfast?	Hvornår er der morgenmad?
What time do you serve lunch?	Hvornår er der frokost?
What time do you serve dinner?	Hvornår er der middagsmad?

28 [twenty-eight]

In the hotel – Complaints

28 [otteogtyve]

På hotellet – klager

The shower isn't working.	Brusebadet virker ikke.
There is no warm water.	Der er ikke noget varm vand.
Can you get it repaired?	Kan I få det repareret?
There is no telephone in the room.	Der er ingen telefon på værelset.
There is no TV in the room.	Der er ikke noget fjernsyn på værelset.
The room has no balcony.	Værelset har ikke altan.
The room is too noisy.	Der er for meget larm i værelset.
The room is too small.	Værelset er for lille.
The room is too dark.	Værelset er for mørkt.
The heater isn't working.	Radiatoren virker ikke.
The air-conditioning isn't working.	Airconditioningen virker ikke.
The TV isn't working.	Fjernsynet er i stykker.
I don't like that.	Det kan jeg ikke lide.
That's too expensive.	Det synes jeg er for dyrt.
Do you have anything cheaper?	Har I noget billigere?
Is there a youth hostel nearby?	Er der et vandrerhjem i nærheden?
Is there a boarding house / a bed and breakfast nearby?	Er der et pensionat i nærheden?
Is there a restaurant nearby?	Er der en restaurant i nærheden?

29 [twenty-nine]

At the restaurant 1

29 [niogtyve]

På restaurant 1

Is this table taken?
I would like the menu, please.
What would you recommend?

Er bordet ledigt?
Må jeg bede om menukortet?
Hvad kan du anbefale?

I'd like a beer.
I'd like a mineral water.
I'd like an orange juice.

Jeg vil gerne have en øl.
Jeg vil gerne have en danskvand.
Jeg vil gerne have en appelsinjuice.

I'd like a coffee.
I'd like a coffee with milk.
With sugar, please.

Jeg vil gerne have kaffe.
Jeg vil gerne have kaffe med mælk.
Med sukker, tak.

I'd like a tea.
I'd like a tea with lemon.
I'd like a tea with milk.

Jeg vil gerne have te.
Jeg vil gerne have te med citron.
Jeg vil gerne have te med mælk.

Do you have cigarettes?
Do you have an ashtray?
Do you have a light?

Har I cigaretter?
Har I et askebæger?
Har du ild?

I'm missing a fork.
I'm missing a knife.
I'm missing a spoon.

Jeg mangler en gaffel.
Jeg mangler en kniv.
Jeg mangler en ske.

30 [thirty]

At the restaurant 2

30 [tredive]

På restaurant 2

An apple juice, please.	En æblejuice, tak.
A lemonade, please.	En sodavand, tak.
A tomato juice, please.	Et glas tomatjuice, tak.
I'd like a glass of red wine.	Jeg vil gerne have et glas rødvin.
I'd like a glass of white wine.	Jeg vil gerne have et glas hvidvin.
I'd like a bottle of champagne.	Jeg vil gerne have en flaske champagne.
Do you like fish?	Kan du lide fisk?
Do you like beef?	Kan du lide oksekød?
Do you like pork?	Kan du lide svinekød?
I'd like something without meat.	Jeg vil gerne have noget uden kød.
I'd like some mixed vegetables.	Jeg vil gerne have en tallerken grøntsager.
I'd like something that won't take much time.	Jeg vil gerne have noget, der ikke tager så lang tid.
Would you like that with rice?	Vil du have ris til?
Would you like that with pasta?	Vil du have spaghetti til?
Would you like that with potatoes?	Vil du have kartofler til?
That doesn't taste good.	Jeg synes ikke det smager godt.
The food is cold.	Maden er kold.
I didn't order this.	Det har jeg ikke bestilt.

31 [thirty-one]

At the restaurant 3

31 [enogtredive]

På restaurant 3

I would like a starter.	Jeg vil gerne have en forret.
I would like a salad.	Jeg vil gerne have en salat.
I would like a soup.	Jeg vil gerne have en suppe.
I would like a dessert.	Jeg vil gerne have dessert.
I would like an ice cream with whipped cream.	Jeg vil gerne have is med flødeskum.
I would like some fruit or cheese.	Jeg vil gerne have frugt eller ost.
We would like to have breakfast.	Vi vil gerne spise morgenmad.
We would like to have lunch.	Vi vil gerne spise frokost.
We would like to have dinner.	Vi vil gerne spise aftensmad.
What would you like for breakfast?	Hvad vil du/I have til morgenmad?
Rolls with jam and honey?	Rundstykker med marmelade og honning?
Toast with sausage and cheese?	Ristet brød med pølse og ost?
A boiled egg?	Et kogt æg?
A fried egg?	Et spejlæg?
An omelette?	En omelet?
Another yoghurt, please.	Må jeg bede om en yoghurt mere?
Some salt and pepper also, please.	Må jeg bede om salt og peber også?
Another glass of water, please.	Må jeg bede om et glas vand mere?

32 [thirty-two]

At the restaurant 4

32 [toogtredive]

På restaurant 4

I'd like chips / French fries *(am.)* with ketchup.	En gang pomfritter med ketchup.
And two with mayonnaise.	Og to gange med mayonnaise.
And three sausages with mustard.	Og tre gange ristede pølser med sennep.
What vegetables do you have?	Hvilken slags grøntsager har I?
Do you have beans?	Har I bønner?
Do you have cauliflower?	Har I blomkål?
I like to eat (sweet) corn.	Jeg kan godt lide majs.
I like to eat cucumber.	Jeg kan godt lide agurker.
I like to eat tomatoes.	Jeg kan godt lide tomater.
Do you also like to eat leek?	Kan du også godt lide løg?
Do you also like to eat sauerkraut?	Kan du også godt lide sauerkraut?
Do you also like to eat lentils?	Kan du også godt lide linser?
Do you also like to eat carrots?	Kan du også godt lide gulerødder?
Do you also like to eat broccoli?	Kan du også godt lide broccoli?
Do you also like to eat peppers?	Kan du også godt lide peberfrugt?
I don't like onions.	Jeg kan ikke lide løg.
I don't like olives.	Jeg kan ikke lide oliven.
I don't like mushrooms.	Jeg kan ikke lide svampe.

33 [thirty-three]

At the train station

33 [treogtredive]

På stationen

When is the next train to Berlin?
When is the next train to Paris?
When is the next train to London?

Hvornår går det næste tog til Berlin?
Hvornår går det næste tog til Paris?
Hvornår går det næste tog til London?

When does the train for Warsaw leave?
When does the train for Stockholm leave?
When does the train for Budapest leave?

Hvornår går toget til Warszawa?
Hvornår går toget til Stockholm?
Hvornår går toget til Budapest?

I'd like a ticket to Madrid.
I'd like a ticket to Prague.
I'd like a ticket to Bern.

Jeg vil gerne have en billet til Madrid.
Jeg vil gerne have en billet til Prag.
Jeg vil gerne have en billet til Berlin.

When does the train arrive in Vienna?
When does the train arrive in Moscow?
When does the train arrive in Amsterdam?

Hvornår ankommer toget til Wien?
Hvornår ankommer toget til Moskva?
Hvornår ankommer toget til Amsterdam?

Do I have to change trains?
From which platform does the train leave?
Does the train have sleepers?

Skal jeg skifte?
Fra hvilket spor afgår toget?
Er der en sovevogn i toget?

I'd like a one-way ticket to Brussels.
I'd like a return ticket to Copenhagen.
What does a berth in the sleeper cost?

Jeg skal kun have en enkeltbillet til Bruxelles.
Jeg vil gerne have en returbillet til København.
Hvad koster en plads i sovevognen?

34 [thirty-four]

On the train

34 [fireogtredive]

I toget

Is that the train to Berlin?	Er det toget til Berlin?
When does the train leave?	Hvornår går toget?
When does the train arrive in Berlin?	Hvornår ankommer toget til Berlin?
Excuse me, may I pass?	Undskyld, må jeg komme forbi?
I think this is my seat.	Jeg tror, det er min plads.
I think you're sitting in my seat.	Jeg tror, du sidder på min plads.
Where is the sleeper?	Hvor er sovevognen?
The sleeper is at the end of the train.	Sovevognen er i den bagerste del af toget.
And where is the dining car? – At the front.	Og hvor er spisevognen? – I den forreste del.
Can I sleep below?	Må jeg sove nederst?
Can I sleep in the middle?	Må jeg sove i midten?
Can I sleep at the top?	Må jeg sove øverst?
When will we get to the border?	Hvornår er vi ved grænsen?
How long does the journey to Berlin take?	Hvor længe varer turen til Berlin?
Is the train delayed?	Er toget forsinket?
Do you have something to read?	Har du noget at læse i?
Can one get something to eat and to drink here?	Kan man få noget at spise og drikke her?
Could you please wake me up at 7 o'clock?	Vil du være så venlig at vække mig klokken 7?

35 [thirty-five]

At the airport

35 [femogtredive]

I lufthavnen

I'd like to book a flight to Athens.	Jeg vil gerne bestille en tur til Athen.
Is it a direct flight?	Er det en direkte flyvning?
A window seat, non-smoking, please.	En plads ved vinduet, ikkeryger, tak.
I would like to confirm my reservation.	Jeg vil gerne bekræfte min reservation.
I would like to cancel my reservation.	Jeg vil gerne aflyse min reservation.
I would like to change my reservation.	Jeg vil gerne ændre min reservation.
When is the next flight to Rome?	Hvornår går det næste fly til Rom?
Are there two seats available?	Er der stadig to ledige pladser?
No, we have only one seat available.	Nej, vi har kun en ledig plads tilbage.
When do we land?	Hvornår lander vi?
When will we be there?	Hvornår er vi der?
When does a bus go to the city centre / center *(am.)*?	Hvornår går der en bus til centrum?
Is that your suitcase?	Er det din kuffert?
Is that your bag?	Er det din taske?
Is that your luggage?	Er det din bagage?
How much luggage can I take?	Hvor meget bagage må jeg tage med?
Twenty kilos.	Tyve kilo.
What? Only twenty kilos?	Hvad? Kun tyve kilo?

36 [thirty-six]

Public transportation

36 [seksogtredive]

Lokaltrafik

Where is the bus stop?	Hvor er busstoppestedet?
Which bus goes to the city centre / center *(am.)*?	Hvilken bus kører til centrum?
Which bus do I have to take?	Hvilken linje skal jeg tage?
Do I have to change?	Skal jeg skifte?
Where do I have to change?	Hvor skal jeg skifte?
How much does a ticket cost?	Hvad koster en billet?
How many stops are there before downtown / the city centre?	Hvor mange stoppesteder er der til centrum?
You have to get off here.	Du skal af her.
You have to get off at the back.	Du skal stå af bagerst.
The next train is in 5 minutes.	Det næste (metro)tog kommer om 5 minutter.
The next tram is in 10 minutes.	Den næste sporvogn kommer om 10 minutter.
The next bus is in 15 minutes.	Den næste bus kommer om 15 minutter.
When is the last train?	Hvornår går det sidste (metro)tog?
When is the last tram?	Hvornår går den sidste sporvogn?
When is the last bus?	Hvornår går den sidste bus?
Do you have a ticket?	Har du kørekort?
A ticket? – No, I don't have one.	Et kørekort? Nej, det har jeg ikke.
Then you have to pay a fine.	Så skal du betale en bøde.

37 [thirty-seven]

En route

37 [syvogtredive]

Undervejs

He drives a motorbike.	Han kører på motorcykel.
He rides a bicycle.	Han kører på cykel.
He walks.	Han går.
He goes by ship.	Han sejler med skibet.
He goes by boat.	Han sejler med båden.
He swims.	Han svømmer.
Is it dangerous here?	Er der farligt her?
Is it dangerous to hitchhike alone?	Er det farligt at tomle alene?
Is it dangerous to go for a walk at night?	Er det farligt at gå tur om natten?
We got lost.	Vi er kørt forkert.
We're on the wrong road.	Vi er kørt forkert.
We must turn around.	Vi skal vende om.
Where can one park here?	Hvor må man parkere her?
Is there a parking lot here?	Er her en parkeringsplads?
How long can one park here?	Hvor længe må man parkere her?
Do you ski?	Står du på ski?
Do you take the ski lift to the top?	Tager du skiliften op?
Can one rent skis here?	Kan man leje ski her?

38 [thirty-eight]

In the taxi

38 [otteogtredive]

I taxaen

Please call a taxi.	Vær venlig og ring efter en taxa.
What does it cost to go to the station?	Hvad koster det til stationen?
What does it cost to go to the airport?	Hvad koster det til lufthavnen?
Please go straight ahead.	Ligeud, tak.
Please turn right here.	Til venstre her, tak.
Please turn left at the corner.	Til venstre ved hjørnet, tak.
I'm in a hurry.	Jeg har travlt.
I have time.	Jeg har tid.
Please drive slowly.	Vær venlig at køre langsommere.
Please stop here.	Vær venlig at stoppe her.
Please wait a moment.	Vent lige et øjeblik.
I'll be back immediately.	Jeg er snart tilbage.
Please give me a receipt.	Vær venlig at give mig en kvittering.
I have no change.	Jeg har ingen småpenge.
That is okay, please keep the change.	Det stemmer, resten er til dig.
Drive me to this address.	Kør mig til den her adresse.
Drive me to my hotel.	Kør mig til mit hotel.
Drive me to the beach.	Kør mig til stranden.

39 [thirty-nine]

Car breakdown

39 [niogtredive]

Problemer med bilen

Where is the next gas station?	Hvor er den nærmeste tankstation?
I have a flat tyre / tire *(am.)*.	Jeg har et punkteret dæk.
Can you change the tyre / tire *(am.)*?	Kan du skifte hjulet?

I need a few litres /liters *(am.)* of diesel.
I have no more petrol / gas *(am.)*.
Do you have a petrol can / jerry can / gas can *(am.)*?

Jeg har brug for nogle liter diesel.
Jeg har ikke mere benzin.
Har du en reservedunk?

Where can I make a call?
I need a towing service.
I'm looking for a garage.

Hvor er der en telefon?
Jeg har brug for en bugseringsservice.
Jeg leder efter et værksted.

An accident has occurred.
Where is the nearest telephone?
Do you have a mobile / cell phone *(am.)* with you?

Der er sket et uheld.
Hvor er den nærmeste telefon?
Har du en mobiltelefon på dig?

We need help.
Call a doctor!
Call the police!

Vi har brug for hjælp.
Ring efter en læge!
Ring efter politiet!

Your papers, please.
Your licence / license *(am.)*, please.
Your registration, please.

Dine papirer, tak.
Dit kørekort, tak.
Bilens registreringsattest, tak.

40 [forty]

Asking for directions

40 [fyrre]

Spørge efter vej

Excuse me!
Can you help me?
Is there a good restaurant around here?

Undskyld!
Kan du hjælpe mig?
Hvor er der en god restaurant?

Take a left at the corner.
Then go straight for a while.
Then go right for a hundred metres / meters *(am.)*.

Gå til venstre ved hjørnet
Så skal du gå et godt stykke ligeud.
Så skal du gå hundrede meter til højre.

You can also take the bus.
You can also take the tram.
You can also follow me with your car.

Du kan også tage bussen.
Du kan også tage sporvognen.
Du kan også bare køre efter mig.

How do I get to the football / soccer *(am.)* stadium?
Cross the bridge!
Go through the tunnel!

Hvordan kommer jeg til fodboldstadionet?
Gå over broen!
Kør gennem tunnellen!

Drive until you reach the third traffic light.
Then turn into the first street on your right.
Then drive straight through the next intersection.

Kør til det tredje lyskryds.
Drej til højre ad den første gade
Så skal du køre lige ud ved næste kryds.

Excuse me, how do I get to the airport?
It is best if you take the underground / subway *(am.)*.
Simply get out at the last stop.

Undskyld, hvordan kommer jeg til lufthavnen?
Det er nemmest at tage metroen.
Du skal bare køre til endestationen.

41 [forty-one]

Where is … ?

41 [enogfyrre]

Orientering

Where is the tourist information office?	Hvor er turistbureauet?
Do you have a city map for me?	Har du et kort over byen til mig?
Can one reserve a room here?	Kan man bestille et hotelværelse her?
Where is the old city?	Hvor er den gamle by?
Where is the cathedral?	Hvor er domkirken?
Where is the museum?	Hvor er museet?
Where can one buy stamps?	Hvor kan man købe frimærker?
Where can one buy flowers?	Hvor kan man købe blomster?
Where can one buy tickets?	Hvor kan man købe billetter?
Where is the harbour / harbor *(am.)*?	Hvor er havnen?
Where is the market?	Hvor er torvet?
Where is the castle?	Hvor er slottet?
When does the tour begin?	Hvornår begynder rundvisningen?
When does the tour end?	Hvornår slutter rundvisningen?
How long is the tour?	Hvor længe varer rundvisningen?
I would like a guide who speaks German.	Jeg vil gerne have en guide, der taler tysk.
I would like a guide who speaks Italian.	Jeg vil gerne have en guide, der taler italiensk.
I would like a guide who speaks French.	Jeg vil gerne have en guide, der taler fransk.

42 [forty-two]

City tour

42 [toogfyrre]

Sightseeing i byen

Is the market open on Sundays?	Er markedet åbent om søndagen?
Is the fair open on Mondays?	Er messen åben om mandagen?
Is the exhibition open on Tuesdays?	Er udstillingen åben om tirsdagen?
Is the zoo open on Wednesdays?	Er den zoologiske have åben om onsdagen?
Is the museum open on Thursdays?	Er museet åbent om torsdagen?
Is the gallery open on Fridays?	Er galleriet åbent om fredagen?
Can one take photographs?	Må man tage billeder?
Does one have to pay an entrance fee?	Skal man betale entré?
How much is the entrance fee?	Hvad koster entréen?
Is there a discount for groups?	Er der grupperabat?
Is there a discount for children?	Er der rabat til børn?
Is there a discount for students?	Er der rabat til studerende?
What building is that?	Hvad er det der for en bygning?
How old is the building?	Hvor gammel er bygningen?
Who built the building?	Hvem har bygget bygningen?
I'm interested in architecture.	Jeg interesserer mig for arkitektur.
I'm interested in art.	Jeg interesserer mig for kunst.
I'm interested in paintings.	Jeg interesserer mig for malerkunst.

43 [forty-three]

At the zoo

43 [treogfyrre]

I zoologisk have

The zoo is there.	Der er den zoologiske have.
The giraffes are there.	Der er girafferne.
Where are the bears?	Hvor er bjørnene?
Where are the elephants?	Hvor er elefanterne?
Where are the snakes?	Hvor er slangerne?
Where are the lions?	Hvor er løverne?
I have a camera.	Jeg har et fotografiapparat.
I also have a video camera.	Jeg har også et videokamera.
Where can I find a battery?	Hvor er der et batteri?
Where are the penguins?	Hvor er pingvinerne?
Where are the kangaroos?	Hvor er kænguruerne?
Where are the rhinos?	Hvor er næsehornene?
Where is the toilet / restroom *(am.)*?	Hvor er der et toilet?
There is a café over there.	Der er der en café.
There is a restaurant over there.	Der er der en restaurant.
Where are the camels?	Hvor er kamelerne?
Where are the gorillas and the zebras?	Hvor er gorillaerne og zebraerne?
Where are the tigers and the crocodiles?	Hvor er tigerne og krokodillerne?

44 [forty-four]

Going out in the evening

44 [fireogfyrre]

Gå ud om aftenen

Is there a disco here?	Er her et diskotek?
Is there a nightclub here?	Er her en natklub?
Is there a pub here?	Er her et værtshus?
What's playing at the theatre / theater *(am.)* this evening?	Hvad går der i teatret i aften?
What's playing at the cinema / movies *(am.)* this evening?	Hvad går der i biografen i aften?
What's on TV this evening?	Hvad er der i fjernsynet i aften?
Are tickets for the theatre / theater *(am.)* still available?	Er der stadig billetter til teatret?
Are tickets for the cinema / movies *(am.)* still available?	Er der stadig billetter til biografen?
Are tickets for the football / soccer *am.* game still available?	Er der stadig billetter til fodboldkampen?
I want to sit in the back.	Jeg vil gerne sidde bagerst.
I want to sit somewhere in the middle.	Jeg vil gerne sidde et eller andet sted i midten.
I want to sit at the front.	Jeg vil gerne sidde allerforrest.
Could you recommend something?	Kan du anbefale mig noget?
When does the show begin?	Hvornår begynder forestillingen?
Can you get me a ticket?	Kan du skaffe mit en billet?
Is there a golf course nearby?	Er der en golfbane i nærheden?
Is there a tennis court nearby?	Er der en tennisbane i nærheden?
Is there an indoor swimming pool nearby?	Er der en svømmehal i nærheden?

45 [forty-five]

At the cinema

45 [femogfyrre]

I biografen

We want to go to the cinema.
A good film is playing today.
The film is brand new.

Where is the cash register?
Are seats still available?
How much are the admission tickets?

When does the show begin?
How long is the film?
Can one reserve tickets?

I want to sit at the back.
I want to sit at the front.
I want to sit in the middle.

The film was exciting.
The film was not boring.
But the book on which the film was based was better.

How was the music?
How were the actors?
Were there English subtitles?

Vi vil i biografen.
Der går en god film i dag.
Filmen er helt ny.

Hvor er kassen?
Er der flere ledige pladser?
Hvad koster billetterne?

Hvornår begynder forestillingen?
Hvor lang tid varer filmen?
Kan man reservere billetter?

Jeg vil gerne sidde bagerst.
Jeg vil gerne sidde forrest.
Jeg vil gerne sidde i midten.

Filmen var spændende.
Filmen var ikke kedelig.
Men bogen til filmen var bedre.

Hvordan var musikken?
Hvordan var skuespillerne?
Var der engelske undertekster?

46 [forty-six]

In the discotheque

46 [seksogfyrre]

På diskotek

Is this seat taken?	Er den her plads fri?
May I sit with you?	Må jeg sætte mig ved jer?
Sure.	Gerne.
How do you like the music?	Hvad synes du om musikken?
A little too loud.	Lidt for høj.
But the band plays very well.	Men bandet spiller meget godt.
Do you come here often?	Er du tit her?
No, this is the first time.	Nej, det er første gang.
I've never been here before.	Jeg har aldrig været her før.
Would you like to dance?	Danser du?
Maybe later.	Måske senere.
I can't dance very well.	Jeg er ikke så god til at danse.
It's very easy.	Det er meget nemt.
I'll show you.	Lad mig vise dig det.
No, maybe some other time.	Nej, hellere en anden gang.
Are you waiting for someone?	Venter du på nogen?
Yes, for my boyfriend.	Ja, på min kæreste.
There he is!	Der kommer han!

47 [forty-seven]

Preparing a trip

47 [syvogfyrre]

Rejseforberedelser

You have to pack our suitcase!	Du skal pakke vores kuffert!
Don't forget anything!	Du må ikke glemme noget!
You need a big suitcase!	Du har brug for en stor kuffert!
Don't forget your passport!	Glem ikke passet!
Don't forget your ticket!	Glem ikke flybilletten!
Don't forget your traveller's cheques / traveler's checks *(am.)*!	Glem ikke rejscheckene!
Take some suntan lotion with you.	Tag solcreme med.
Take the sun-glasses with you.	Tag solbrillerne med.
Take the sun hat with you.	Tag solhatten med.
Do you want to take a road map?	Vil du tage et bykort med?
Do you want to take a travel guide?	Vil du tage en guidebog med?
Do you want to take an umbrella?	Vil du tage en paraply med?
Remember to take pants, shirts and socks.	Husk bukserne, skjorterne, sokkerne.
Remember to take ties, belts and sports jackets.	Husk slipsene, bælterne, herrejakkerne.
Remember to take pyjamas, nightgowns and t-shirts.	Husk pyjamasserne, natkjolerne, T-shirtene.
You need shoes, sandals and boots.	Du har brug for sko, sandaler og støvler.
You need handkerchiefs, soap and a nail clipper.	Du har brug for lommetørklæder, sæbe og en neglesaks.
You need a comb, a toothbrush and toothpaste.	Du har brug for en kam, en tandbørste og tandpasta.

48 [forty-eight]

Vacation activities

48 [otteogfyrre]

Ferieaktiviteter

Is the beach clean?	Er stranden ren?
Can one swim there?	Kan man bade der?
Isn't it dangerous to swim there?	Er det ikke farligt at bade der?
Can one rent a sun umbrella / parasol here?	Kan man låne en parasol her?
Can one rent a deck chair here?	Kan man låne en liggestol her?
Can one rent a boat here?	Kan man låne en båd her?
I would like to surf.	Jeg kunne godt tænke mig at surfe.
I would like to dive.	Jeg kunne godt tænke mig at dykke.
I would like to water ski.	Jeg kunne godt tænke mig at stå på vandski.
Can one rent a surfboard?	Kan man leje et surfbræt?
Can one rent diving equipment?	Kan man leje dykkerudstyr?
Can one rent water skis?	Kan man leje vandski?
I'm only a beginner.	Jeg er kun begynder.
I'm moderately good.	Jeg er mellemgod.
I'm pretty good at it.	Jeg ved allerede hvordan man gør.
Where is the ski lift?	Hvor er skiliften?
Do you have skis?	Har du da ski med?
Do you have ski boots?	Har du da skistøvler med?

49 [forty-nine]

Sports

49 [niogfyrre]

Sport

Do you exercise?
Yes, I need some exercise.
I am a member of a sports club.

Dyrker du sport?
Ja, jeg skal bevæge mig.
Jeg er med i en idrætsforening.

We play football / soccer *(am.)*.
We swim sometimes.
Or we cycle.

Vi spiller fodbold.
Nogle gange svømmer vi.
Eller cykler.

There is a football / soccer *(am.)* stadium in our city.
There is also a swimming pool with a sauna.
And there is a golf course.

I vores by er der et fodboldstadion.
Der er også en svømmehal med sauna.
Og der er en golfbane.

What is on TV?
There is a football / soccer *(am.)* match on now.
The German team is playing against the English one.

Hvad er der i fjernsynet?
Der er en fodboldkamp lige nu.
Det tyske landshold spiller mod det engelske.

Who is winning?
I have no idea.
It is currently a tie.

Hvem vinder?
Aner det ikke.
I øjeblikket står det uafgjort.

The referee is from Belgium.
Now there is a penalty.
Goal! One – zero!

Dommeren kommer fra Belgien.
Nu er der straffe(spark).
Mål! Et – nul!

50 [fifty]

In the swimming pool

50 [halvtreds]

I svømmehallen

It is hot today.	I dag er det varmt.
Shall we go to the swimming pool?	Skal vi gå i svømmehallen?
Do you feel like swimming?	Har du lyst til at tage ud at svømme?
Do you have a towel?	Har du et håndklæde?
Do you have swimming trunks?	Har du et par badebukser?
Do you have a bathing suit?	Har du en badedragt?
Can you swim?	Kan du svømme?
Can you dive?	Kan du dykke?
Can you jump in the water?	Kan du springe i vandet?
Where is the shower?	Hvor er brusebadet?
Where is the changing room?	Hvor er omklædningsrummet?
Where are the swimming goggles?	Hvor er svømmebrillerne?
Is the water deep?	Er vandet dybt?
Is the water clean?	Er vandet rent?
Is the water warm?	Er vandet varmt?
I am freezing.	Jeg fryser.
The water is too cold.	Vandet er for koldt.
I am getting out of the water now.	Jeg går op af vandet nu.

51 [fifty-one]

Running errands

51 [enoghalvtreds]

På indkøb

I want to go to the library.
I want to go to the bookstore.
I want to go to the newspaper stand.

Jeg vil på biblioteket.
Jeg vil i boghandlen.
Jeg vil i kiosken.

I want to borrow a book.
I want to buy a book.
I want to buy a newspaper.

Jeg vil låne en bog.
Jeg vil købe en bog.
Jeg vil købe en avis.

I want to go to the library to borrow a book.
I want to go to the bookstore to buy a book.
I want to go to the kiosk / newspaper stand to buy a newspaper.

Jeg vil på biblioteket for at låne en bog.
Jeg vil i boghandlen for at købe en bog.
Jeg vil i kiosken for at købe en avis.

I want to go to the optician.
I want to go to the supermarket.
I want to go to the bakery.

Jeg vil til optikeren.
Jeg vil i supermarkedet.
Jeg vil til bageren.

I want to buy some glasses.
I want to buy fruit and vegetables.
I want to buy rolls and bread.

Jeg vil købe et par briller.
Jeg vil købe frugt og grøntsager.
Jeg vil købe rundstykker og brød.

I want to go to the optician to buy glasses.
I want to go to the supermarket to buy fruit and vegetables.
I want to go to the baker to buy rolls and bread.

Jeg vil til optikeren for at købe et par briller.
Jeg vil i supermarkedet for at købe frugt og grøntsager.
Jeg vil til bageren for at købe rundstykker og brød.

52 [fifty-two]

In the department store

52 [tooghalvtreds]

I stormagasinet

Shall we go to the department store?
I have to go shopping.
I want to do a lot of shopping.

Skal vi tage ind i et stormagasin?
Jeg skal købe ind.
Jeg vil købe stort ind.

Where are the office supplies?
I need envelopes and stationery.
I need pens and markers.

Hvor er kontorartiklerne?
Jeg har brug for konvolutter og brevpapir.
Jeg har brug for kuglepenne og tusser.

Where is the furniture?
I need a cupboard and a chest of drawers.
I need a desk and a bookshelf.

Hvor er møblerne?
Jeg har brug for et skab og en kommode.
Jeg har brug for et skrivebord og en reol.

Where are the toys?
I need a doll and a teddy bear.
I need a football and a chess board.

Hvor er legetøjet?
Jeg har brug for en dukke og en bamse.
Jeg har brug for en fodbold og et skakspil.

Where are the tools?
I need a hammer and a pair of pliers.
I need a drill and a screwdriver.

Hvor er værktøjet?
Jeg har brug for en hammer og en tang.
Jeg har brug for et bor og en skruetrækker.

Where is the jewellery / jewelry (am.) department?
I need a chain and a bracelet.
I need a ring and earrings.

Hvor er smykkerne?
Jeg skal bruge en halskæde og et armbånd.
Jeg skal bruge en ring og nogle øreringe.

53 [fifty-three]

Shops

53 [treoghalvtreds]

Butikker

We're looking for a sports shop.	Vi leder efter en sportsforretning.
We're looking for a butcher shop.	Vi leder efter en slagter.
We're looking for a pharmacy / drugstore *(am.)*.	Vi leder efter et apotek.
We want to buy a football.	Vi vil nemlig gerne købe en fodbold.
We want to buy salami.	Vi vil nemlig gerne købe salami.
We want to buy medicine.	Vi vil nemlig gerne købe noget medicin.
We're looking for a sports shop to buy a football.	Vi leder efter en sportsforretning, så vi kan købe en fodbold.
We're looking for a butcher shop to buy salami.	Vi leder efter en slagter, så vi kan købe salami.
We're looking for a drugstore to buy medicine.	Vi leder efter et apotek, så vi kan købe medicin.
I'm looking for a jeweller / jeweler *(am.)*.	Jeg leder efter en juveler.
I'm looking for a photo equipment store.	Jeg leder efter en fotoforretning.
I'm looking for a confectionery.	Jeg leder efter et konditori.
I actually plan to buy a ring.	Jeg vil nemlig købe en ring.
I actually plan to buy a roll of film.	Jeg vil nemlig købe en film.
I actually plan to buy a cake.	Jeg vil nemlig købe en lagkage.
I'm looking for a jeweler to buy a ring.	Jeg leder efter en juveler, så jeg kan købe en ring.
I'm looking for a photo shop to buy a roll of film.	Jeg leder efter en fotoforretning, så jeg kan købe en film.
I'm looking for a confectionery to buy a cake.	Jeg leder efter et konditori, så jeg kan købe en lagkage.

54 [fifty-four]

Shopping

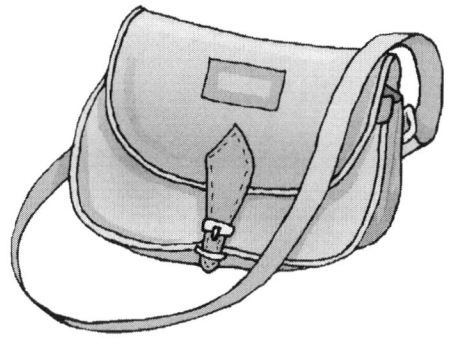

54 [fireoghalvtreds]

Købe ind

I want to buy a present.	Jeg vil gerne købe en gave.
But nothing too expensive.	Men ikke noget alt for dyrt.
Maybe a handbag?	Måske en håndtaske?
Which color would you like?	Hvilken farve skal den være?
Black, brown or white?	Sort, brun eller hvid?
A large one or a small one?	En stor eller en lille?
May I see this one, please?	Må jeg se på den der?
Is it made of leather?	Er den af skind?
Or is it made of plastic?	Eller er den af kunststof?
Of leather, of course.	Af læder naturligvis.
This is very good quality.	Det er en særlig god kvalitet.
And the bag is really very reasonable.	Og håndtasken er virkelig meget billig.
I like it.	Jeg kan godt lide den.
I'll take it.	Den tager jeg.
Can I exchange it if needed?	Kan den eventuelt byttes?
Of course.	Selvfølgelig.
We'll gift wrap it.	Vi pakker den ind som gave.
The cashier is over there.	Kassen er derovre.

55 [fifty-five]

Working

55 [femoghalvtreds]

Arbejde

What do you do for a living?
My husband is a doctor.
I work as a nurse part-time.

Hvad arbejder han som?
Min mand er læge.
Jeg arbejder deltids som sygeplejerske.

We will soon receive our pension.
But taxes are high.
And health insurance is expensive.

Vi går snart på pension.
Men skatten er høj.
Og sygesikringen er dyr.

What would you like to become some day?
I would like to become an engineer.
I want to go to college.

Hvad vil du være?
Jeg vil være ingeniør.
Jeg vil læse på universitetet.

I am an intern.
I do not earn much.
I am doing an internship abroad.

Jeg er praktikant.
Jeg tjener ikke meget.
Jeg er i praktik i udlandet.

That is my boss.
I have nice colleagues.
We always go to the cafeteria at noon.

Det er min chef.
Jeg har rare kollegaer.
I frokostpausen går vi altid i kantinen.

I am looking for a job.
I have already been unemployed for a year.
There are too many unemployed people in this country.

Jeg søger job.
Jeg har været arbejdsløs i et år.
Der er for mange arbejdsløse i det her land.

56 [fifty-six]

Feelings

56 [seksoghalvtreds]

Følelser

to feel like / want to
We feel like / want to.
We don't feel like / want to.

have lyst
Vi har lyst.
Vi har ikke lyst.

to be afraid
I'm afraid.
I am not afraid.

være bange
Jeg er bange.
Jeg er ikke bange

to have time
He has time.
He has no time.

have tid
Han har tid.
Han har ikke tid.

to be bored
She is bored.
She is not bored.

kede sig
Hun keder sig.
Hun keder sig ikke.

to be hungry
Are you hungry?
Aren't you hungry?

være sulten
Er I sultne?
Er I ikke sultne?

to be thirsty
They are thirsty.
They are not thirsty.

være tørstig
De er tørstige.
De er ikke tørstige.

57 [fifty-seven]

At the doctor

57 [syvoghalvtreds]

Hos lægen

I have a doctor's appointment.	Jeg har en tid hos lægen.
I have the appointment at ten o'clock.	Jeg har tid klokken ti.
What is your name?	Hvad er dit navn?
Please take a seat in the waiting room.	Tag plads i venteværelset.
The doctor is on his way.	Lægen kommer snart.
What insurance company do you belong to?	Hvor er du forsikret?
What can I do for you?	Hvad kan jeg gøre for dig?
Do you have any pain?	Har du smerter?
Where does it hurt?	Hvor gør det ondt?
I always have back pain.	Jeg har altid smerter i ryggen.
I often have headaches.	Jeg har tit hovedpine.
I sometimes have stomach aches.	Jeg har nogle gange mavepine.
Remove your top!	Tag tøjet af overkroppen.
Lie down on the examining table.	Vær sød at lægge dig på briksen!
Your blood pressure is okay.	Blodtrykket er i orden.
I will give you an injection.	Jeg giver dig en indsprøjtning.
I will give you some pills.	Jeg giver dig nogle tabletter.
I am giving you a prescription for the pharmacy.	Jeg giver dig en recept til apoteket.

58 [fifty-eight]

Parts of the body

58 [otteoghalvtreds]

Kropsdele

I am drawing a man.	Jeg tegner en mand.
First the head.	Først hovedet.
The man is wearing a hat.	Manden har hat på.
One cannot see the hair.	Håret kan man ikke se.
One cannot see the ears either.	Ørene kan man heller ikke se.
One cannot see his back either.	Ryggen kan man heller ikke se.
I am drawing the eyes and the mouth.	Jeg tegner øjnene og munden.
The man is dancing and laughing.	Manden danser og ler.
The man has a long nose.	Manden har en lang næse.
He is carrying a cane in his hands.	Han har en stok i hænderne.
He is also wearing a scarf around his neck.	Han har også et halstørklæde om halsen.
It is winter and it is cold.	Det er vinter og det er koldt.
The arms are athletic.	Armene er kraftige.
The legs are also athletic.	Benene er også kraftige.
The man is made of snow.	Manden er af sne.
He is neither wearing pants nor a coat.	Han har ingen bukser på og ingen frakke på.
But the man is not freezing.	Men manden fryser ikke.
He is a snowman.	Han er en snemand.

59 [fifty-nine]

At the post office

59 [nioghalvtreds]

På posthuset

Where is the nearest post office?	Hvor er det nærmeste posthus?
Is the post office far from here?	Hvor langt er der til det nærmeste posthus?
Where is the nearest mail box?	Hvor er den nærmeste postkasse?
I need a couple of stamps.	Jeg har brug for et par frimærker.
For a card and a letter.	Til et postkort og et brev.
How much is the postage to America?	Hvad koster portoen til Amerika?
How heavy is the package?	Hvor tung er pakken?
Can I send it by air mail?	Kan jeg sende den med luftpost?
How long will it take to get there?	Hvor længe varer det inden den ankommer?
Where can I make a call?	Hvor kan jeg telefonere?
Where is the nearest telephone booth?	Hvor er den nærmeste telefonboks?
Do you have calling cards?	Har du telefonkort?
Do you have a telephone directory?	Har du en telefonbog?
Do you know the area code for Austria?	Kender du Østrigs landekode?
One moment, I'll look it up.	Et øjeblik, jeg ser lige efter.
The line is always busy.	Nummeret er hele tiden optaget.
Which number did you dial?	Hvilket nummer har du tastet?
You have to dial a zero first!	Du skal først dreje nul!

60 [sixty]

At the bank

60 [tres]

I banken

I would like to open an account.	Jeg vil gerne åbne en konto.
Here is my passport.	Her er mit pas.
And here is my address.	Og her er min adresse.
I want to deposit money in my account.	Jeg vil gerne indbetale penge på min konto.
I want to withdraw money from my account.	Jeg vil gerne hæve penge fra min konto.
I want to pick up the bank statements.	Jeg vil gerne hente kontoudskrifterne.
I want to cash a traveller's cheque / traveler's check *(am.)*.	Jeg vil gerne indløse en rejsecheck.
What are the fees?	Hvor høje er gebyrerne?
Where should I sign?	Hvor skal jeg underskrive?
I'm expecting a transfer from Germany.	Jeg forventer en overførsel fra Tyskland.
Here is my account number.	Her er mit kontonummer.
Has the money arrived?	Er pengene ankommet?
I want to change money.	Jeg vil gerne veksle de her penge.
I need US-Dollars.	Jeg har brug for US-dollars.
Could you please give me small notes / bills *(am.)*?	Helst små sedler.
Is there a cashpoint / an ATM *(am.)*?	Er der en hæveautomat?
How much money can one withdraw?	Hvor mange penge kan man hæve?
Which credit cards can one use?	Hvilke kreditkort kan man bruge?

61 [sixty-one]

Ordinal numbers

61 [enogtres]

Ordenstal

The first month is January.	Den første måned er januar.
The second month is February.	Den anden måned er februar.
The third month is March.	Den tredje måned er marts.
The fourth month is April.	Den fjerde måned er april.
The fifth month is May.	Den femte måned er maj.
The sixth month is June.	Den sjette måned er juni.
Six months make half a year.	Seks måneder er et halvt år.
January, February, March,	januar, februar, marts,
April, May and June.	april, maj, juni.
The seventh month is July.	Den syvende måned er juli
The eighth month is August.	Den ottende måned er august.
The ninth month is September.	Den niende måned er september.
The tenth month is October.	Den tiende måned er oktober.
The eleventh month is November.	Den ellevte måned er november.
The twelfth month is December.	Den tolvte måned er december.
Twelve months make a year.	Tolv måneder er et år.
July, August, September,	juli, august, september,
October, November and December.	oktober, november, december.

62 [sixty-two]

Asking questions 1

62 [toogtres]

Stille spørgsmål 1

to learn
Do the students learn a lot?
No, they learn a little.

lære
Lærer eleverne meget?
Nej, de lærer lidt.

to ask
Do you often ask the teacher questions?
No, I don't ask him questions often.

spørge
Spørger du tit læreren?
Nej, jeg spørger ham ikke tit.

to reply
Please reply.
I reply.

svare
Vær så venlig og svar.
Jeg svarer.

to work
Is he working right now?
Yes, he is working right now.

arbejde
Arbejder han lige nu?
Ja, han arbejder lige nu.

to come
Are you coming?
Yes, we are coming soon.

komme
Kommer I?
Ja, vi kommer om lidt.

to live
Do you live in Berlin?
Yes, I live in Berlin.

bo
Bor du i Berlin?
Ja, jeg bor i Berlin.

63 [sixty-three]

Asking questions 2

63 [treogtres]

Stille spørgsmål 2

I have a hobby.	Jeg har en hobby.
I play tennis.	Jeg spiller tennis.
Where is the tennis court?	Hvor er der en tennisbane?
Do you have a hobby?	Har du en hobby?
I play football / soccer *(am.)*.	Jeg spiller fodbold.
Where is the football / soccer *(am.)* field?	Hvor er der en fodboldbane?
My arm hurts.	Min arm gør ondt.
My foot and hand also hurt.	Min fod og min hånd gør også ondt.
Is there a doctor?	Hvor er der en læge?
I have a car/automobile.	Jeg har en bil.
I also have a motorcycle.	Jeg har også en motorcykel.
Where could I park?	Hvor er der en parkeringsplads?
I have a sweater.	Jeg har en sweater.
I also have a jacket and a pair of jeans.	Jeg har også en jakke og et par cowboybukser.
Where is the washing machine?	Hvor er der en vaskemaskine?
I have a plate.	Jeg har en tallerken.
I have a knife, a fork and a spoon.	Jeg har en kniv, en gaffel og en ske.
Where is the salt and pepper?	Hvor er salt og peber?

64 [sixty-four]

Negation 1

64 [fireogtres]

Benægtelse 1

I don't understand the word.
I don't understand the sentence.
I don't understand the meaning.

Jeg kan ikke forstå ordet.
Jeg kan ikke forstå sætningen.
Jeg kan ikke forstå betydningen.

the teacher
Do you understand the teacher?
Yes, I understand him well.

læreren
Kan du forstå læreren?
Ja, jeg kan godt forstå ham.

the teacher
Do you understand the teacher?
Yes, I understand her well.

lærerinden
Kan du forstå lærerinden?
Ja, jeg kan godt forstå hende.

the people
Do you understand the people?
No, I don't understand them so well.

folk
Kan du forstå folk?
Nej, jeg kan ikke så godt forstå dem.

the girlfriend
Do you have a girlfriend?
Yes, I do.

kæresten
Har du en kæreste?
Ja, jeg har en kæreste.

the daughter
Do you have a daughter?
No, I don't.

datteren
Har du en datter?
Nej, det jeg har ikke.

65 [sixty-five]

Negation 2

65 [femogtres]

Benægtelse 2

Is the ring expensive?
No, it costs only one hundred Euros.
But I have only fifty.

Er ringen dyr?
Nej, den koster kun hundrede euro.
Men jeg har kun halvtreds.

Are you finished?
No, not yet.
But I'll be finished soon.

Er du allerede færdig?
Nej, ikke endnu.
Men jeg er snart færdig.

Do you want some more soup?
No, I don't want anymore.
But another ice cream.

Vil du have mere suppe?
Nej, jeg vil ikke have mere.
Men en is mere.

Have you lived here long?
No, only for a month.
But I already know a lot of people.

Har du boet her længe?
Nej, kun en måned.
Men jeg kender allerede mange mennesker.

Are you driving home tomorrow?
No, only on the weekend.
But I will be back on Sunday.

Kører du hjem i morgen?
Nej, først i weekenden.
Men jeg kommer tilbage allerede på søndag.

Is your daughter an adult?
No, she is only seventeen.
But she already has a boyfriend.

Er din datter allerede voksen?
Nej, hun er kun sytten.
Men hun har allerede en kæreste.

66 [sixty-six]

Possessive pronouns 1

66 [seksogtres]

Possessivpronominer 1

I – my
I can't find my key.
I can't find my ticket.

jeg – min/mit
Jeg kan ikke finde min nøgle.
Jeg kan ikke finde min billet.

you – your
Have you found your key?
Have you found your ticket?

du – din/dit
Har du fundet din nøgle?
Har du fundet din billet?

he – his
Do you know where his key is?
Do you know where his ticket is?

han – hans
Ved du, hvor hans nøgle er?
Ved du, hvor hans billet er?

she – her
Her money is gone.
And her credit card is also gone.

hun – hendes
Hendes penge er væk.
Og hendes kreditkort er også væk.

we – our
Our grandfather is ill.
Our grandmother is healthy.

vi – vores
Vores morfar/farfar er syg.
Vores mormor/farmor er rask.

you – your
Children, where is your father?
Children, where is your mother?

I – jeres
Børn, hvor er jeres far?
Børn, hvor er jeres mor?

67 [sixty-seven]

Possessive pronouns 2

67 [syvogtres]

Possessivpronominer 2

the glasses
He has forgotten his glasses.
Where has he left his glasses?

brillerne
Han har glemt sine briller.
Hvor har han dog sine briller?

the clock
His clock isn't working.
The clock hangs on the wall.

uret
Hans ur er i stykker.
Uret hænger på væggen.

the passport
He has lost his passport.
Where is his passport then?

passet
Han har mistet sit pas.
Hvor har han dog sit pas?

they – their
The children cannot find their parents.
Here come their parents!

hun – hendes
Børnene kan ikke finde deres forældre.
Men der kommer deres forældre jo!

you – your
How was your trip, Mr. Miller?
Where is your wife, Mr. Miller?

De – Deres
Hvordan var Deres rejse, hr. Müller?
Hvor er Deres kone, hr. Müller?

you – your
How was your trip, Mrs. Smith?
Where is your husband, Mrs. Smith?

De – Deres
Hvordan var Deres rejse, fru Schmidt?
Hvor er Deres mand, fru Schmidt?

68 [sixty-eight]

big – small

68 [otteogtres]

Stor – lille

big and small The elephant is big. The mouse is small.	stor og lille Elefanten er stor. Musen er lille.

dark and bright
The night is dark.
The day is bright.

mørk og lys
Natten er mørk.
Dagen er lys.

old and young
Our grandfather is very old.
70 years ago he was still young.

gammel og ung
Vores morfar/farfar er meget gammel.
For 70 år siden var han stadig ung.

beautiful and ugly
The butterfly is beautiful.
The spider is ugly.

smuk og grim
Sommerfuglen er smuk.
Edderkoppen er grim.

fat and thin
A woman who weighs a hundred kilos is fat.
A man who weighs fifty kilos is thin.

tyk og tynd
En kvinde på 100 kilo er tyk.
En mand på 50 kilo er tynd.

expensive and cheap
The car is expensive.
The newspaper is cheap.

dyr og billig
Bilen er dyr.
Avisen er billig.

69 [sixty-nine]

to need – to want to

69 [niogtres]

have brug for – ville

I need a bed.	Jeg har brug for en seng.
I want to sleep.	Jeg vil sove.
Is there a bed here?	Er der en seng her?
I need a lamp.	Jeg har brug for en lampe.
I want to read.	Jeg vil læse.
Is there a lamp here?	Er der en lampe her?
I need a telephone.	Jeg har brug for en telefon.
I want to make a call.	Jeg vil ringe.
Is there a telephone here?	Er der en telefon her?
I need a camera.	Jeg har brug for et kamera.
I want to take photographs.	Jeg vil fotografere.
Is there a camera here?	Er der et kamera her?
I need a computer.	Jeg har brug for en computer.
I want to send an email.	Jeg vil sende en e-mail.
Is there a computer here?	Er der en computer her?
I need a pen.	Jeg har brug for en kuglepen.
I want to write something.	Jeg vil skrive noget.
Is there a sheet of paper and a pen here?	Er der et stykke papir og en kuglepen her?

70 [seventy]

to like something

70 [halvfjerds]

Gerne ville noget

Would you like to smoke?	Vil du gerne ryge?
Would you like to dance?	Vil du gerne danse?
Would you like to go for a walk?	Vil du gerne gå en tur?
I would like to smoke.	Jeg vil gerne ryge.
Would you like a cigarette?	Vil du gerne have en cigaret?
He wants a light.	Han vil gerne have ild.
I want to drink something.	Jeg vil gerne drikke noget.
I want to eat something.	Jeg vil gerne have noget at spise.
I want to relax a little.	Jeg vil gerne slappe lidt af.
I want to ask you something.	Jeg vil gerne spørge dig om noget.
I want to ask you for something.	Jeg vil gerne bede dig om noget.
I want to treat you to something.	Jeg vil gerne invitere dig til noget.
What would you like?	Hvad skal det være?
Would you like a coffee?	Vil du gerne have kaffe?
Or do you prefer a tea?	Eller vil du hellere have te?
We want to drive home.	Vi vil gerne køre hjem.
Do you want a taxi?	Vil I gerne have en taxa?
They want to make a call.	De vil gerne ringe til nogen.

71 [seventy-one]

to want something

71 [enoghalvfjerds]

Ville noget

What do you want to do?	Hvad vil I?
Do you want to play football / soccer *(am.)*?	Vil I spille fodbold?
Do you want to visit friends?	Vil I besøge venner?
to want	ville
I don't want to arrive late.	Jeg vil ikke komme for sent.
I don't want to go there.	Jeg vil ikke gå derhen.
I want to go home.	Jeg vil gå hjem.
I want to stay at home.	Jeg vil blive hjemme.
I want to be alone.	Jeg vil være alene.
Do you want to stay here?	Vil du blive her?
Do you want to eat here?	Vil du spise her?
Do you want to sleep here?	Vil du sove her?
Do you want to leave tomorrow?	Vil du tage af sted i morgen?
Do you want to stay till tomorrow?	Vil du blive til i morgen?
Do you want to pay the bill only tomorrow?	Vil du først betale regningen i morgen?
Do you want to go to the disco?	Vil I på diskotek?
Do you want to go to the cinema?	Vil I i biografen?
Do you want to go to a café?	Vil I på café?

72 [seventy-two]

to have to do something / must

72 [tooghalvfjerds]

være nødt til noget

must	være nødt til
I must post the letter.	Jeg er nødt til at sende brevet.
I must pay the hotel.	Jeg er nødt til at betale hotellet.
You must get up early.	Du er nødt til at stå tidligt op.
You must work a lot.	Du er nødt til at arbejde meget.
You must be punctual.	Du er nødt til at være punktlig.
He must fuel / get petrol / get gas (am.).	Han er nødt til at tanke op.
He must repair the car.	Han er nødt til at reparere bilen.
He must wash the car.	Han er nødt til at vaske bilen.
She must shop.	Hun er nødt til at købe ind.
She must clean the apartment.	Hun er nødt til at gøre rent i lejligheden.
She must wash the clothes.	Hun er nødt til at vaske tøj.
We must go to school at once.	Vi er nødt til at gå i skole snart.
We must go to work at once.	Vi er nødt til at gå på arbejde snart.
We must go to the doctor at once.	Vi er nødt til at gå til lægen snart.
You must wait for the bus.	I er nødt til at vente på bussen.
You must wait for the train.	I er nødt til at vente på toget
You must wait for the taxi.	I er nødt til at vente på taxaen.

73 [seventy-three]

to be allowed to

73 [treoghalvfjerds]

Måtte noget

Are you already allowed to drive?
Are you already allowed to drink alcohol?
Are you already allowed to travel abroad alone?

Må du allerede køre bil?
Må du allerede drikke alkohol?
Må du allerede tage alene til udlandet?

may / to be allowed
May we smoke here?
Is smoking allowed here?

måtte
Må vi ryge her?
Må man ryge her?

May one pay by credit card?
May one pay by cheque / check *(am.)*?
May one only pay in cash?

Må man betale med kreditkort?
Må man betale med check?
Må man kun betale kontant?

May I just make a call?
May I just ask something?
May I just say something?

Må jeg lige ringe til nogen?
Må jeg lige spørge om noget?
Må jeg lige sige noget?

He is not allowed to sleep in the park.
He is not allowed to sleep in the car.
He is not allowed to sleep at the train station.

Han må ikke sove i parken.
Han må ikke sove i bilen.
Han må ikke sove på stationen.

May we take a seat?
May we have the menu?
May we pay separately?

Må vi sætte os ned?
Må vi få spisekortet?
Må vi betale hver for sig?

74 [seventy-four]

Asking for something

74 [fireoghalvfjerds]

Bede om noget

Can you cut my hair?
Not too short, please.
A bit shorter, please.

Kan du klippe mit hår?
Ikke alt for kort, tak.
Lidt kortere, tak.

Can you develop the pictures?
The pictures are on the CD.
The pictures are in the camera.

Kan du fremkalde billederne?
Billederne er på cd'en.
Billederne er i kameraet.

Can you fix the clock?
The glass is broken.
The battery is dead / empty.

Kan du reparere uret?
Glasset er i stykker.
Batteriet er tomt.

Can you iron the shirt?
Can you clean the pants?
Can you fix the shoes?

Kan du stryge skjorten?
Kan du rense bukserne?
Kan du reparere skoene?

Do you have a light?
Do you have a match or a lighter?
Do you have an ashtray?

Kan du give mig ild?
Har du tændstikker eller en lighter?
Har du et askebæger?

Do you smoke cigars?
Do you smoke cigarettes?
Do you smoke a pipe?

Ryger du cigarer?
Ryger du cigaretter?
Ryger du pibe?

75 [seventy-five]

Giving reasons 1

75 [femoghalvfjerds]

Begrunde noget 1

Why aren't you coming?
The weather is so bad.
I am not coming because the weather is so bad.

Hvorfor kommer du ikke?
Vejret er så dårligt.
Jeg kommer ikke, fordi vejret er så dårligt.

Why isn't he coming?
He isn't invited.
He isn't coming because he isn't invited.

Hvorfor kommer han ikke?
Han er ikke inviteret.
Han kommer ikke, fordi han ikke er inviteret.

Why aren't you coming?
I have no time.
I am not coming because I have no time.

Hvorfor kommer du ikke?
Jeg har ikke tid.
Jeg kommer ikke, fordi jeg ikke har tid.

Why don't you stay?
I still have to work.
I am not staying because I still have to work.

Hvorfor bliver du ikke?
Jeg skal arbejde.
Jeg bliver ikke, fordi jeg skal arbejde.

Why are you going already?
I am tired.
I'm going because I'm tired.

Hvorfor går du allerede?
Jeg er træt.
Jeg går, fordi jeg er træt.

Why are you going already?
It is already late.
I'm going because it is already late.

Hvorfor kører du allerede?
Det er allerede sent.
Jeg kører, fordi det allerede er sent.

76 [seventy-six]

Giving reasons 2

76 [seksoghalvfjerds]

Begrunde noget 2

Why didn't you come?
I was ill.
I didn't come because I was ill.

Hvorfor kom du ikke?
Jeg var syg.
Jeg kom ikke, fordi jeg var syg.

Why didn't she come?
She was tired.
She didn't come because she was tired.

Hvorfor kom hun ikke?
Hun var træt.
Hun kom ikke, fordi hun var træt.

Why didn't he come?
He wasn't interested.
He didn't come because he wasn't interested.

Hvorfor kom han ikke?
Han havde ikke lyst.
Han kom ikke, fordi han ikke havde lyst.

Why didn't you come?
Our car is damaged.
We didn't come because our car is damaged.

Hvorfor kom I ikke?
Vores bil var i stykker.
Vi kom ikke, fordi vores bil var i stykker.

Why didn't the people come?
They missed the train.
They didn't come because they missed the train.

Hvorfor kom folk ikke?
De nåede ikke toget.
De kom ikke, fordi de ikke nåede toget.

Why didn't you come?
I was not allowed to.
I didn't come because I was not allowed to.

Hvorfor kom du ikke?
Jeg måtte ikke.
Jeg kom ikke, fordi jeg ikke måtte.

77 [seventy-seven]

Giving reasons 3

77 [syvoghalvfjerds]

Begrunde noget 3

Why aren't you eating the cake?	Hvorfor spiser du ikke kagen?
I must lose weight.	Jeg skal tabe mig.
I'm not eating it because I must lose weight.	Jeg spiser den ikke, fordi jeg skal tabe mig.
Why aren't you drinking the beer?	Hvorfor drikker du ikke øllen?
I have to drive.	Jeg skal køre.
I'm not drinking it because I have to drive.	Jeg drikker den ikke, fordi jeg skal køre.
Why aren't you drinking the coffee?	Hvorfor drikker du ikke kaffen?
It is cold.	Den er kold.
I'm not drinking it because it is cold.	Jeg drikker den ikke, fordi den er kold.
Why aren't you drinking the tea?	Hvorfor drikker du ikke teen?
I have no sugar.	Jeg har ikke noget sukker.
I'm not drinking it because I don't have any sugar.	Jeg drikker ikke teen, fordi jeg ikke har noget sukker.
Why aren't you eating the soup?	Hvorfor spiser du ikke suppen?
I didn't order it.	Jeg har ikke bestilt den.
I'm not eating it because I didn't order it.	Jeg spiser den ikke, fordi jeg ikke har bestilt den.
Why don't you eat the meat?	Hvorfor spiser du ikke kødet?
I am a vegetarian.	Jeg er vegetar.
I'm not eating it because I am a vegetarian.	Jeg spiser det ikke, fordi jeg er vegetar.

Adjectives 1

Adjektiver 1

an old lady
a fat lady
a curious lady

en gammel kvinde
en tyk kvinde
en nysgerrig kvinde

a new car
a fast car
a comfortable car

en ny bil
en hurtig bil
en komfortabel bil

a blue dress
a red dress
a green dress

en blå kjole
en rød kjole
en grøn kjole

a black bag
a brown bag
a white bag

en sort taske
en brun taske
en hvid taske

nice people
polite people
interesting people

rare mennesker
høflige mennesker
interessante mennesker

loving children
cheeky children
well behaved children

søde børn
frække børn
artige børn

Adjectives 2

Adjektiver 2

I am wearing a blue dress.
I am wearing a red dress.
I am wearing a green dress.

Jeg har en blå kjole på.
Jeg har en rød kjole på.
Jeg har en grøn kjole på.

I'm buying a black bag.
I'm buying a brown bag.
I'm buying a white bag.

Jeg køber en sort taske.
Jeg køber en brun taske.
Jeg køber en hvid taske.

I need a new car.
I need a fast car.
I need a comfortable car.

Jeg har brug for en ny bil.
Jeg har brug for en hurtig bil.
Jeg har brug for en komfortabel bil.

An old lady lives at the top.
A fat lady lives at the top.
A curious lady lives below.

Deroppe bor der en gammel kvinde.
Deroppe bor der en tyk kvinde.
Dernede bor der en nysgerrig kvinde.

Our guests were nice people.
Our guests were polite people.
Our guests were interesting people.

Vores gæster var rare mennesker.
Vores gæster var høflige mennesker.
Vores gæster var interessante mennesker.

I have lovely children.
But the neighbours have naughty children.
Are your children well behaved?

Jeg har søde børn.
Men naboerne har frække børn.
Er dine børn artige?

Adjectives 3

Adjektiver 3

She has a dog.	Hun har en hund.
The dog is big.	Hunden er stor.
She has a big dog.	Hun har en stor hund.
She has a house.	Hun har et hus.
The house is small.	Huset er lille.
She has a small house.	Hun har et lille hus.
He is staying in a hotel.	Han bor på hotel.
The hotel is cheap.	Hotellet er billigt.
He is staying in a cheap hotel.	Han bor på et billigt hotel.
He has a car.	Han har en bil.
The car is expensive.	Bilen er dyr.
He has an expensive car.	Han har en dyr bil.
He reads a novel.	Han læser en roman.
The novel is boring.	Romanen er kedelig.
He is reading a boring novel.	Han læser en kedelig roman.
She is watching a movie.	Hun ser en film.
The movie is exciting.	Filmen er spændende.
She is watching an exciting movie.	Hun ser en spændende film.

81 [eighty-one]

Past tense 1

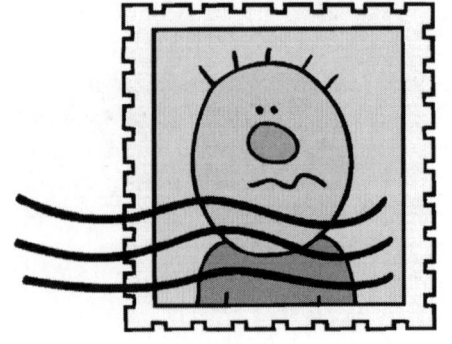

81 [enogfirs]

Datid 1

to write
He wrote a letter.
And she wrote a card.

skrive
Han skrev et brev.
Og hun skrev et kort.

to read
He read a magazine.
And she read a book.

læse
Han læste et ugeblad.
Og hun læste en bog.

to take
He took a cigarette.
She took a piece of chocolate.

tage
Han tog en cigaret.
Hun tog et stykke chokolade.

He was disloyal, but she was loyal.
He was lazy, but she was hard-working.
He was poor, but she was rich.

Han var utro, men hun var tro.
Han var doven, men hun var flittig.
Han var fattig, men hun var rig.

He had no money, only debts.
He had no luck, only bad luck.
He had no success, only failure.

Han havde ingen penge, men en gæld.
Han var ikke heldig, men uheldig.
Han havde ikke succes, men uheld.

He was not satisfied, but dissatisfied.
He was not happy, but sad.
He was not friendly, but unfriendly.

Han var ikke tilfreds, men utilfreds.
Han var ikke lykkelig, men ulykkelig.
Han var ikke sympatisk, men usympatisk.

82 [eighty-two]

Past tense 2

82 [toogfirs]

Datid 2

Did you have to call an ambulance?	Måtte du ringe efter en ambulance?
Did you have to call the doctor?	Måtte du ringe efter lægen?
Did you have to call the police?	Måtte du ringe efter politiet?

Do you have the telephone number? I had it just now.	Har du telefonnummeret? Jeg har lige haft det.
Do you have the address? I had it just now.	Har du adressen? Jeg har lige haft den.
Do you have the city map? I had it just now.	Har du kortet over byen? Jeg har lige haft det.

Did he come on time? He could not come on time.	Kom han til tiden? Han kunne ikke komme til tiden.
Did he find the way? He could not find the way.	Fandt han vej? Han kunne ikke finde vej.
Did he understand you? He could not understand me.	Forstod han dig? Han kunne ikke forstå mig.

Why could you not come on time?	Hvorfor kunne du ikke komme til tiden?
Why could you not find the way?	Hvorfor kunne du ikke finde vej?
Why could you not understand him?	Hvorfor kunne du ikke forstå ham?

I could not come on time because there were no buses.	Jeg kunne ikke komme til tiden, fordi der ikke kørte nogen bus.
I could not find the way because I had no city map.	Jeg kunne ikke finde vejen, fordi jeg ikke havde et kort over byen.
I could not understand him because the music was so loud.	Jeg kunne ikke forstå ham, fordi musikken var så høj.

I had to take a taxi.	Jeg var nødt til at tage en taxa.
I had to buy a city map.	Jeg var nødt til at købe et kort over byen.
I had to switch off the radio.	Jeg var nødt til at slukke for radioen.

83 [eighty-three]

Past tense 3

83 [treogfirs]

Datid 3

to make a call
I made a call.
I was talking on the phone all the time.

Tale i telefonen
Jeg har talt i telefon.
Jeg har talt i telefon hele tiden.

to ask
I asked.
I always asked.

spørge
Jeg har spurgt.
Jeg har altid spurgt.

to narrate
I narrated.
I narrated the whole story.

fortælle
Jeg har fortalt.
Jeg har fortalt hele historien.

to study
I studied.
I studied the whole evening.

studere/læse lektier
Jeg har studeret/læst lektier.
Jeg har studeret/læst lektier hele aftenen.

to work
I worked.
I worked all day long.

arbejde
Jeg har arbejdet.
Jeg har arbejdet hele dagen.

to eat
I ate.
I ate all the food.

spise
Jeg har spist.
Jeg har spist al maden.

84 [eighty-four]

Past tense 4

84 [fireogfirs]

Datid 4

to read
I read.
I read the whole novel.

læse
Jeg har læst.
Jeg har læst hele romanen.

to understand
I understood.
I understood the whole text.

forstå
Jeg har forstået.
Jeg har forstået hele teksten.

to answer
I answered.
I answered all the questions.

svare
Jeg har svaret.
Jeg har svaret på alle spørgsmål.

I know that – I knew that.
I write that – I wrote that.
I hear that – I heard that.

Jeg ved det – jeg har vidst det.
Jeg skriver det – jeg har skrevet det.
Jeg hører det – jeg har hørt det.

I'll get it – I got it.
I'll bring that – I brought that.
I'll buy that – I bought that.

Jeg henter det – jeg har hentet det.
Jeg tager det med – jeg har taget det med.
Jeg køber det – jeg har købt det.

I expect that – I expected that.
I'll explain that – I explained that.
I know that – I knew that.

Jeg forventer det – jeg har forventet det.
Jeg forklarer det – jeg har forklaret det.
Jeg kender det – jeg har kendt det.

85 [eighty-five]

Questions – Past tense 1

85 [femogfirs]

Spørgsmål – datid 1

How much did you drink?	Hvor meget har du drukket?
How much did you work?	Hvor meget har du arbejdet?
How much did you write?	Hvor meget har du skrevet?
How did you sleep?	Hvordan har du sovet?
How did you pass the exam?	Hvordan har du bestået prøven?
How did you find the way?	Hvordan har du fundet vej?
Who did you speak to?	Hvem har du snakket med?
With whom did you make an appointment?	Hvem har du en aftale med?
With whom did you celebrate your birthday?	Hvem har du fejret fødselsdag med?
Where were you?	Hvor har du været?
Where did you live?	Hvor har du boet?
Where did you work?	Hvor har du arbejdet?
What did you suggest?	Hvad har du anbefalet?
What did you eat?	Hvad har du spist?
What did you experience?	Hvad har du fundet ud af?
How fast did you drive?	Hvor hurtigt har du kørt?
How long did you fly?	Hvor længe har du fløjet?
How high did you jump?	Hvor højt har du sprunget?

86 [eighty-six]

Questions – Past tense 2

86 [seksogfirs]

Spørgsmål – datid 2

Which tie did you wear?	Hvilket slips har du haft på?
Which car did you buy?	Hvilken bil har du købt?
Which newspaper did you subscribe to?	Hvilken avis har du haft abonnement på?
Who did you see?	Hvem har du set?
Who did you meet?	Hvem har du mødt?
Who did you recognize?	Hvem har du genkendt?
When did you get up?	Hvornår stod du op?
When did you start?	Hvornår begyndte du?
When did you finish?	Hvornår holdt du op?
Why did you wake up?	Hvorfor vågnede du?
Why did you become a teacher?	Hvorfor er du blevet lærer?
Why did you take a taxi?	Hvorfor har du taget en taxa?
Where did you come from?	Hvor er du kommet fra?
Where did you go?	Hvor er du gået hen?
Where were you?	Hvor har du været?
Who did you help?	Hvem har du hjulpet?
Who did you write to?	Hvem har du skrevet til?
Who did you reply to?	Hvem har du svaret?

87 [eighty-seven]

Past tense of modal verbs 1

87 [syvogfirs]

Modalverbernes datid 1

We had to water the flowers.	Vi var nødt til at vande blomsterne.
We had to clean the apartment.	Vi var nødt til at rydde op i lejligheden.
We had to wash the dishes.	Vi var nødt til at vaske op.
Did you have to pay the bill?	Var I nødt til at I betale regningen?
Did you have to pay an entrance fee?	Var I nødt til at betale entré?
Did you have to pay a fine?	Skulle I betale en bøde?
Who had to say goodbye?	Hvem var nødt til at sige farvel?
Who had to go home early?	Hvem skulle tidligt hjem?
Who had to take the train?	Hvem var nødt til at tage toget?
We did not want to stay long.	Vi ville ikke blive længe.
We did not want to drink anything.	Vi ville ikke drikke noget.
We did not want to disturb you.	Vi ville ikke forstyrre.
I just wanted to make a call.	Jeg ville lige ringe til nogen.
I just wanted to call a taxi.	Jeg ville bestille en taxa.
Actually I wanted to drive home.	Jeg ville nemlig køre hjem.
I thought you wanted to call your wife.	Jeg troede, du ville ringe til din kone.
I thought you wanted to call information.	Jeg troede, du ville ringe til oplysningen?
I thought you wanted to order a pizza.	Jeg troede, du ville bestille en pizza.

Past tense of modal verbs 2

Modalverbernes datid 2

My son did not want to play with the doll.	Min søn ville ikke lege med dukken.
My daughter did not want to play football / soccer *(am.)*.	Min datter ville ikke spille fodbold.
My wife did not want to play chess with me.	Min kone ville ikke spille skak med mig.
My children did not want to go for a walk.	Mine børn ville ikke gå en tur.
They did not want to tidy the room.	De ville ikke rydde op på værelset.
They did not want to go to bed.	De ville ikke gå i seng.
He was not allowed to eat ice cream.	Han måtte ikke spise en is.
He was not allowed to eat chocolate.	Han måtte ikke spise chokolade.
He was not allowed to eat sweets.	Han måtte ikke spise bolsjer.
I was allowed to make a wish.	Jeg måtte ønske mig noget.
I was allowed to buy myself a dress.	Jeg måtte købe en kjole.
I was allowed to take a chocolate.	Jeg måtte tage et stykke fyldt chokolade.
Were you allowed to smoke in the airplane?	Måtte du ryge på flyet?
Were you allowed to drink beer in the hospital?	Måtte du drikke øl på sygehuset?
Were you allowed to take the dog into the hotel?	Måtte du tage hunden med på hotellet?
During the holidays the children were allowed to remain outside late.	I ferien måtte børnene blive længe ude.
They were allowed to play in the yard for a long time.	De måtte lege længe i gården.
They were allowed to stay up late.	De måtte blive længe oppe.

89 [eighty-nine]

Imperative 1

89 [niogfirs]

Imperativ 1

You are so lazy – don't be so lazy!	Du er så doven! Vær dog ikke så doven!
You sleep for so long – don't sleep so late!	Du sover så længe! Sov dog ikke så længe!
You come home so late – don't come home so late!	Du kommer så for sent – kom dog ikke så sent!
You laugh so loudly – don't laugh so loudly!	Du griner så højt! Grin dog ikke så højt
You speak so softly – don't speak so softly!	Du taler så lavt – tal dog ikke så lavt!
You drink too much – don't drink so much!	Du drikker for meget – drik dog ikke så meget!
You smoke too much – don't smoke so much!	Du ryger for meget – ryg dog ikke så meget!
You work too much – don't work so much!	Du arbejder for meget – arbejd dog ikke så meget!
You drive too fast – don't drive so fast!	Du kører så hurtigt – kør dog ikke så hurtigt!
Get up, Mr. Miller!	Stå op, hr. Müller!
Sit down, Mr. Miller!	Sæt dig, hr. Müller!
Remain seated, Mr. Miller!	Bliv siddende hr. Müller!
Be patient!	Vær tålmodig!
Take your time!	Tag dig tid!
Wait a moment!	Vent et øjeblik!
Be careful!	Vær forsigtig!
Be punctual!	Vær punktlig!
Don't be stupid!	Vær ikke dum!

90 [ninety]

Imperative 2

90 [halvfems]

Imperativ 2

Shave!
Wash yourself!
Comb your hair!

Call!
Begin!
Stop!

Leave it!
Say it!
Buy it!

Never be dishonest!
Never be naughty!
Never be impolite!

Always be honest!
Always be nice!
Always be polite!

Hope you arrive home safely!
Take care of yourself!
Do visit us again soon!

Barber dig!
Vask dig!
Red dit hår!

Ring!
Begynd!
Hold op!

Lad være!
Sig det!
Køb det!

Vær aldrig uærlig!
Vær aldrig fræk!
Vær aldrig uhøflig!

Vær altid ærlig!
Vær altid rar!
Vær altid høflig!

Kom godt hjem!
Pas godt på dig selv!
Besøg os snart igen!

91 [ninety-one]

Subordinate clauses: *that* 1

91 [enoghalvfems]

Bisætninger med "at" 1

Perhaps the weather will get better tomorrow.	Vejret bliver måske bedre i morgen.
How do you know that?	Hvor ved du det fra?
I hope that it gets better.	Jeg håber, at det bliver bedre.
He will definitely come.	Han kommer helt bestemt.
Are you sure?	Er det sikkert?
I know that he'll come.	Jeg ved, at han kommer.
He'll definitely call.	Han ringer bestemt.
Really?	Virkelig?
I believe that he'll call.	Jeg tror, at han ringer.
The wine is definitely old.	Vinen er sikkert gammel.
Do you know that for sure?	Ved du det nøjagtig?
I think that it is old.	Jeg formoder, at den er gammel.
Our boss is good-looking.	Vores chef ser godt ud.
Do you think so?	Synes du?
I find him very handsome.	Jeg synes endda, at han ser rigtig godt ud.
The boss definitely has a girlfriend.	Chefen har bestemt en kæreste.
Do you really think so?	Tror du virkelig?
It is very possible that he has a girlfriend.	Det er meget muligt, at han har en kæreste.

92 [ninety-two]

Subordinate clauses: *that* 2

92 [tooghalvfems]

Bisætninger med "at" 2

I'm angry that you snore.
I'm angry that you drink so much beer.
I'm angry that you come so late.

Det irriterer mig, at du snorker.
Det irriterer mig, at du drikker så meget øl.
Det irriterer mig, at du kommer så sent.

I think he needs a doctor.
I think he is ill.
I think he is sleeping now.

Jeg tror, at han har brug for en læge.
Jeg tror, at han er syg.
jeg tror, at han sover nu.

We hope that he marries our daughter.
We hope that he has a lot of money.
We hope that he is a millionaire.

Vi håber, at han gifter sig med vores datter.
Vi håber, at han har mange penge.
Vi håber, at han er millionær.

I heard that your wife had an accident.
I heard that she is in the hospital.
I heard that your car is completely wrecked.

Jeg har hørt, at din kone var med i en ulykke.
Jeg har hørt, at hun ligger på sygehuset.
Jeg har hørt, at din bil er totalskadet.

I'm happy that you came.
I'm happy that you are interested.
I'm happy that you want to buy the house.

Det glæder mig, at du er kommet.
Det glæder mig, at du er interesseret.
Det glæder mig, at du vil købe huset.

I'm afraid the last bus has already gone.
I'm afraid we will have to take a taxi.
I'm afraid I have no more money.

Jeg er bange for, at den sidste bus allerede er kørt.
Jeg er bange for, at vi er nødt til at tage en taxa.
Jeg er bange for, at jeg ikke har nogen penge har med.

93 [ninety-three]

Subordinate clauses:
if

93 [treoghalvfems]

Bisætninger med
"om"

I don't know if he loves me.	Jeg ved ikke, om han elsker mig.
I don't know if he'll come back.	Jeg ved ikke, om han kommer tilbage.
I don't know if he'll call me.	Jeg ved ikke, om han ringer til mig.
Maybe he doesn't love me?	Mon han elsker mig?
Maybe he won't come back?	Mon han kommer tilbage?
Maybe he won't call me?	Mon han ringer til mig?
I wonder if he thinks about me.	Jeg spørger mig selv, om han tænker på mig.
I wonder if he has someone else.	Jeg spørger mig selv, om han har en anden.
I wonder if he lies.	Jeg spørger mig selv, om han lyver.
Maybe he thinks of me?	Mon han tænker på mig?
Maybe he has someone else?	Mon han har en anden?
Maybe he tells me the truth?	Mon han siger sandheden?
I doubt whether he really likes me.	Jeg tvivler på, at han virkelig kan lide mig.
I doubt whether he'll write to me.	Jeg tvivler på, at han skriver til mig.
I doubt whether he'll marry me.	Jeg tvivler på, at han gifter sig med mig.
Does he really like me?	Mon han virkelig kan lide mig?
Will he write to me?	Mon han skriver til mig?
Will he marry me?	Mon han gifter sig med mig?

94 [ninety-four]

Conjunctions 1

94 [fireoghalvfems]

Konjunktioner 1

Wait until the rain stops.
Wait until I'm finished.
Wait until he comes back.

Vent, til regnen holder op.
Vent, til jeg er færdig.
Vent, til han kommer tilbage.

I'll wait until my hair is dry.
I'll wait until the film is over.
I'll wait until the traffic light is green.

Jeg venter, til mit hår er tørt.
Jeg venter, til filmen er forbi.
Jeg venter, til lyset skifter til grønt.

When do you go on holiday?
Before the summer holidays?
Yes, before the summer holidays begin.

Hvornår rejser du på ferie?
Allerede før sommerferien?
Ja, allerede før sommerferien begynder.

Repair the roof before the winter begins.
Wash your hands before you sit at the table.
Close the window before you go out.

Reparer taget, før vinteren begynder.
Vask dine hænder, før du sætter dig til bords.
Luk vinduet, før du går ud.

When will you come home?
After class?
Yes, after the class is over.

Hvornår kommer du hjem?
Efter undervisningen?
Ja, efter undervisningen er forbi.

After he had an accident, he could not work anymore.
After he had lost his job, he went to America.
After he went to America, he became rich.

Efter han var med i en ulykke, kunne han ikke arbejde mere.
Efter at han havde mistet sit arbejde, tog han til Amerika.
Efter at han var rejst til Amerika, blev han rig.

95 [ninety-five]

Conjunctions 2

95 [femoghalvfems]

Konjunktioner 2

Since when is she no longer working?
Since her marriage?
Yes, she is no longer working since she got married.

Since she got married, she's no longer working.
Since they have met each other, they are happy.
Since they have had children, they rarely go out.

When does she call?
When driving?
Yes, when she is driving.

She calls while she drives.
She watches TV while she irons.
She listens to music while she does her work.

I can't see anything when I don't have glasses.
I can't understand anything when the music is so loud.
I can't smell anything when I have a cold.

We'll take a taxi if it rains.
We'll travel around the world if we win the lottery.
We'll start eating if he doesn't come soon.

Hvornår holdt hun op med at arbejde?
Efter deres bryllup?
Ja, hun holdt op med at arbejde, da hun blev gift.

Efter hun blev gift, har hun ikke arbejdet.
Fra de mødte hinanden, har de været lykkelige.
Efter de har fået børn, går de sjældent ud.

Hvornår taler hun i telefonen?
Under kørslen?
Ja, mens hun kører bil.

Hun taler i telefon, mens hun kører bil.
Hun ser fjernsyn, mens hun stryger.
Hun lytter til musik, mens hun laver sine lektier.

Jeg kan ikke se noget, når jeg ikke har briller på.
Jeg forstår ingenting, når musikken er så høj.
Jeg kan ikke lugte noget, når jeg er forkølet.

Vi tager en taxa, hvis det regner.
Vi rejser verden rundt, hvis vi vinder i lotto.
Vi begynder at spise, hvis han ikke snart kommer.

96 [ninety-six]

Conjunctions 3

96 [seksoghalvfems]

Konjunktioner 3

I get up as soon as the alarm rings.	Jeg står op, så snart vækkeuret ringer.
I become tired as soon as I have to study.	Jeg bliver træt lige så snart jeg skal studere/læse lektier.
I will stop working as soon as I am 60.	Jeg holder op med at arbejde, så snart jeg fylder 60.
When will you call?	Hvornår ringer du?
As soon as I have a moment.	Så snart jeg har tid et øjeblik.
He'll call, as soon as he has a little time.	Han ringer, så snart han har lidt tid.
How long will you work?	Hvor længe vil du arbejde?
I'll work as long as I can.	Jeg vil arbejde, så længe jeg kan.
I'll work as long as I am healthy.	Jeg vil arbejde, så længe jeg er rask.
He lies in bed instead of working.	Han ligger i sengen i stedet for at arbejde.
She reads the newspaper instead of cooking.	Hun læser avis i stedet for at lave mad.
He is at the bar instead of going home.	Han sidder på værtshus i stedet for at gå hjem.
As far as I know, he lives here.	Så vidt jeg ved, bor han her.
As far as I know, his wife is ill.	Så vidt jeg ved, er hans kone syg.
As far as I know, he is unemployed.	Så vidt jeg ved, er han arbejdsløs.
I overslept; otherwise I'd have been on time.	Jeg sov over mig, ellers ville jeg have været kommet til tiden.
I missed the bus; otherwise I'd have been on time.	Jeg kom for sent til bussen, ellers ville jeg være kommet til tiden.
I didn't find the way / I got lost; otherwise I'd have been on time.	Jeg kunne ikke finde vej, ellers ville jeg være kommet til tiden.

97 [ninety-seven]

Conjunctions 4

97 [syvoghalvfems]

Konjunktioner 4

He fell asleep although the TV was on.
He stayed a while although it was late.
He didn't come although we had made an appointment.

Han er faldet i søvn, selvom fjernsynet var tændt.
Han blev der, selvom klokken allerede var mange.
Han kom ikke, selvom vi havde en aftale.

The TV was on. Nevertheless, he fell asleep.
It was already late. Nevertheless, he stayed a while.
We had made an appointment. Nevertheless, he didn't come.

Fjernsynet var tændt. Alligevel faldt han i søvn.
Det var allerede sent. Alligevel blev han.
Vi havde en aftale. Alligevel kom han ikke.

Although he has no license, he drives the car.
Although the road is slippery, he drives so fast.
Although he is drunk, he rides his bicycle.

Selvom han ikke har kørekort, kører han bil.
Selvom vejen er glat, kører han hurtigt.
Selvom han er fuld, kører han på cykel.

Despite having no licence / license *(am.)*, he drives the car.
Despite the road being slippery, he drives fast.
Despite being drunk, he rides the bike.

Han har ikke noget kørekort. Alligevel kører han bil.
Vejen er glat. Alligevel kører han så hurtigt.
Han er beruset. Alligevel kører han på cykel.

Although she went to college, she can't find a job.
Although she is in pain, she doesn't go to the doctor.
Although she has no money, she buys a car.

Hun kan ikke finde et job, selvom hun har studeret.
Hun går ikke til lægen, selvom hun har smerter.
Hun køber en bil, selvom hun ikke har nogen penge.

She went to college. Nevertheless, she can't find a job.
She is in pain. Nevertheless, she doesn't go to the doctor.
She has no money. Nevertheless, she buys a car.

Hun har studeret. Alligevel kan hun ikke finde et job.
Hun har smerter. Alligevel går hun ikke til lægen.
Hun har ingen penge. Alligevel køber hun en bil.

98 [ninety-eight]

Double connectors

98 [otteoghalvfems]

Dobbelte konjunktioner

The journey was beautiful, but too tiring.
The train was on time, but too full.
The hotel was comfortable, but too expensive.

Rejsen var ganske vist dejlig, men for anstrengende.
Toget kom ganske vist til tiden, men det var for fyldt.
Hotellet var ganske vist hyggeligt men for dyrt.

He'll take either the bus or the train.
He'll come either this evening or tomorrow morning.
He's going to stay either with us or in the hotel.

Han tager enten bussen eller toget.
Han kommer enten i aften eller i morgen tidlig.
Han bor enten hos os eller på hotel.

She speaks Spanish as well as English.
She has lived in Madrid as well as in London.
She knows Spain as well as England.

Hun taler både spansk og engelsk.
Hun har boet både i Madrid og i London.
Hun kender både Spanien og England.

He is not only stupid, but also lazy.
She is not only pretty, but also intelligent.
She speaks not only German, but also French.

Han er ikke bare dum men også doven.
Hun er ikke bare smuk men også intelligent.
Hun taler ikke bare tysk men også fransk.

I can neither play the piano nor the guitar.
I can neither waltz nor do the samba.
I like neither opera nor ballet.

Jeg kan hverken spille klaver eller guitar.
Jeg kan hverken danse vals eller samba.
Jeg kan hverken lide opera eller ballet.

The faster you work, the earlier you will be finished.
The earlier you come, the earlier you can go.
The older one gets, the more complacent one gets.

Jo hurtigere du arbejder, jo tidligere er du færdig.
Jo tidligere du kommer, jo tidligere kan du gå.
Jo ældre man bliver, jo mere bekvem bliver man.

99 [ninety-nine] / 99 [nioghalvfems]

Genitive / Genitiv

my girlfriend's cat	min veninparks kat

my girlfriend's cat — min venindes kat
my boyfriend's dog — min vens hund
my children's toys — mine børns legetøj

This is my colleague's overcoat. — Det er min kollegas frakke.
That is my colleague's car. — Det er min kollegas bil.
That is my colleagues' work. — Det er min kollegas arbejde.

The button from the shirt is gone. — Knappen på skjorten er faldet af.
The garage key is gone. — Nøglen til garagen er væk.
The boss' computer is not working. — Chefens computer er i stykker.

Who are the girl's parents? — Hvem er pigens forældre?
How do I get to her parents' house? — Hvordan kommer jeg til hendes forældres hus?
The house is at the end of the road. — Huset ligger for enden af gaden.

What is the name of the capital city of Switzerland? — Hvad hedder Schweiz' hovedstad?
What is the title of the book? — Hvad er bogens titel?
What are the names of the neighbour's / neighbor's (am.) children? — Hvad hedder naboernes børn?

When are the children's holidays? — Hvornår er børnenes skoleferie?
What are the doctor's consultation times? — Hvornår er lægens træffetid?
What time is the museum open? — Hvad er museets åbningstider?

100 [one hundred]

Adverbs

100 [hundrede]

Adverbier

already – not yet
Have you already been to Berlin?
No, not yet.

nogensinde – aldrig
Har du nogensinde været i Berlin?
Nej, aldrig.

someone – no one
Do you know someone here?
No, I don't know anyone here.

nogen – ingen
Kender du nogen her?
Nej, jeg kender ingen.

a little longer – not much longer
Will you stay here a little longer?
No, I won't stay here much longer.

endnu – ikke mere
Bliver du her længe endnu?
Nej, jeg bliver her ikke meget længere.

something else – nothing else
Would you like to drink something else?
No, I don't want anything else.

noget mere – ikke mere
Vil du have noget mere at drikke?
Nej tak, jeg vil ikke have mere.

something already – nothing yet
Have you already eaten something?
No, I haven't eaten anything yet.

allerede noget – ikke noget endnu
Har du allerede spist noget?
Nej, jeg har ikke spist noget endnu.

someone else – no one else
Does anyone else want a coffee?
No, no one else.

flere – ikke flere
Er der flere, der vil have kaffe?
Nej, ikke flere.

Printed in Great Britain
by Amazon